ISBN 86-7131-040-X
METEOROLOŠKI TERMINOLOŠKI SLOVAR

SLOVENSKA AKADEMIJA ZNANOSTI IN UMETNOSTI
ZNANSTVENORAZISKOVALNI CENTER SAZU
Inštitut za slovenski jezik Frana Ramovša
Sekcija za terminološke slovarje s Terminološko komisijo
in
DRUŠTVO METEOROLOGOV SLOVENIJE

METEOROLOŠKI TERMINOLOŠKI SLOVAR

Ljubljana 1990

Sprejeto na seji 2. razreda SAZU 26. decembra 1989
in na seji Predsedstva 28. junija 1990

Glavna urednika
Zdravko Petkovšek in Zvonka Leder

Uredniki
Miran Borko, Andrej Hočevar, Jože Rakovec,
Jelko Urbančič, Majda Vida

CIP - katalogizacija v knjigi
Narodna in univerzitetna knjižnica, Ljubljana

551.5(038)
801.316.4:551.5=863

METEOROLOŠKI terminološki slovar / [glavna
urednika Zdravko Petkovšek in Zvonka Leder]. -
Ljubljana : Slovenska akademija znanosti in
umetnosti : Društvo meteorologov Slovenije, 1990

ISBN 86-7131-040-X
1. Petkovšek, Zdravko 2. Leder, Zvonka
18884864

Delo so sofinancirali Raziskovalna skupnost Slovenije,
Kulturna skupnost Slovenije in Hidrometeorološki zavod
Slovenije

Hiter razvoj meteorološke stroke in množica novih pojmov, zlasti na višji strokovni stopnji, povzroča mnoge dileme meteorologom in drugim pri pisanju v slovenščini.

O vremenu in podnebju smo dobili Slovenci prve slovenske zapisane izraze verjetno ob vremenskih ujmah in ljudskih vremenskih pravilih, ki so jih zapisali duhovniki, pesniki in zbiralci narodnega blaga. Stroka s tega področja je bila sprva opisna in tudi pri nas tesno povezana z zemljepisjem, pozneje (po prvi tretjini tega stoletja) pa je prešla v fiziko atmosfere. V zadnjem času je meteorologija s svojimi potrebami pospešila razvoj nekaterih področij matematike in je z njo tesno povezana.

Pretežni del znanja s področja meteorologije prihaja iz večjih in razvitejših dežel. Nove pojme mnogi slovenski avtorji pogosto kar privzemajo ali pa jih posamezni različno prevajajo. Zato prihaja pogosto do nesporazumov in zapletov, kar delno tudi zavira ustrezen razvoj stroke pri nas.

Potrebo po ureditvi meteoroloških strokovnih izrazov smo slovenski meteorologi začutili že davno. Zato smo le nekaj let po ustanovitvi Društva meteorologov Slovenije izdelali s sodelovanjem člana SAZU in kolegov iz Berlina *Trojezični meteorološki slovar*, ki je izšel leta 1956. Vzporedno podani pojmi v slovenščini, nemščini in angleščini so bili le navedeni, brez razlag, naglasov ipd. Trojezični slovar je obsegal 62 strani in je poleg okrog 2000 pojmov vseboval še skrajšano klasifikacijo oblakov in seznam najpogostejših meteoroloških instrumentov.

Glede na to, da imajo mnogi meteorološki izrazi pri nas več pomenov, mnoge pa posamezniki različno razumejo, je postalo nujno potrebno meteorološko strokovno izrazoslovje urediti, prečistiti, dopolniti in posamezne izraze ali njihove pomene nedvoumno opredeliti.

Meteorološki slovar je delo meteoroloških strokovnjakov dipl. inž. Mirana Borka, prof. dr. Andreja Hočevarja, doc. dr. Jožeta Rakovca, dr. Jelka Urbančiča, dipl. inž. Majde Vida pod vodstvom prof. dr. Zdravka Petkovška in leksikografinje Zvonke Leder, strok. svetnice. Delo je potekalo v navedeni uredniški skupini, ki je pregledala pred leti izdelan seznam meteorološkega strokovnega besedišča, ga dopolnila glede na ožje strokovno področje vsakega od sodelujočih ter ga primerjala s kartoteko izpisov, ki jih ima Terminološka komisija Inštituta za slovenski jezik Frana Ramovša.

Pisanje slovarja je bilo v prvi fazi organizirano tako, da je bil seznam meteorološkega besedišča razdeljen in vsak sodelujoči je moral pripraviti za sejo nekaj strani seznama na podlagi izdelanih slovaropisnih navodil, analizo pripravljenih pomenskih opredelitev je na seji dopolnjevala in potrjevala uredniška skupina. Nekaj izrazov in popravkov so prispevali tudi nekateri drugi člani Društva meteorologov Slovenije.

Usklajevanje pripravljenih razlag in dokončno redakcijo slovarja sta opravila predsednik uredniške skupine Z. Petkovšek in Z. Leder.

Besedilo slovarja je od vsega začetka vpisovano v računalniški medij; največ tega dela je poleg Jelka Urbančiča opravila Marija Djurović ob pomoči Alenke Koren.

Naglase je pregledal razisk. sodelavec Vladimir Nartnik, besedilo slovarja pa sta poleg glavnih urednikov brali strok. sodelavka Marjeta Kalin in strok. svetnica Cvetana Tavzes.

Recenzijo slovarja sta opravila akademika prof. dr. Peter Gosar in prof. dr. Franc Jakopin.

V Ljubljani, junija 1990

UVOD

Meteorološki slovar je enojezični razlagalni slovar, ki zajema meteorološke strokovne izraze ali termine do stopnje diplomanta. Pri izboru terminov, obravnavanih v slovarju, je v okviru posamezne besedne družine, v kateri je iz istega pojmovnega sklopa več besednih vrst, praviloma dana prednost samostalniku in so druge besedne vrste vključene samo po potrebi. Zastarela poimenovanja so upoštevana izjemoma. Vsi v slovar sprejeti meteorološki strokovni izrazi so razloženi.

geslo

Geslo je enobesedni ali večbesedni meteorološki strokovni izraz ali termin, ki je naslovna enota slovarskega članka, v katerem je ta termin obdelan (**oblak**).

Vsako geslo je v slovarju prikazano v svojem odstavku.

Geselski članki so razvrščeni po abecedi, neglede na to, ali so gesla enobesedna ali večbesedna. Geselski članek oblikujejo tile deli:
- glava z geslom (enobesedni ali večbesedni izraz), s pisno dvojnico, s končnico, ki oblikoslovno uvršča geslo,
- zaglavje s slovničnim kvalifikatorjem ali besednovrstno označko, z izgovorom, z navedbo simbola ali kratice,
- razlaga ali za določenim kvalifikatorjem najbolj rabljen ali predlagan termin, ki je v slovarju navadno samostojno geslo; če to ni, je geslo, v okviru katerega je termin slovarsko predstavljen, posebej navedeno,
- podgeslo (večbesedni izraz, katerega en člen je geslo),
- zaglavje podgesla z izgovorom tujejezičnega izraza, z navedbo simbola ali kratice,
- razlaga podgesla ali za določenim kvalifikatorjem najustreznejša sopomenka.

glava

Glava je začetni del geselskega članka, v katerem je geslo podano v izhodiščni obliki; kot pisna geselska dvojnica nastopa oblika, ki je pogosta v poljudnem pisanju (**cumulonimbus**). Geslo ima podatke o naglasu; dolžine so označene z ostrivcem, kračine s krativcem, širine pa s strešico. Naglasne dvojnice niso navedene.

Končnica, ki je navedena za enobesednim geslom, uvršča le-to v ustrezni sklanjatveni ali spregatveni vzorec (**veter** -tra, **meteorološki** -a -o, **raztopiti (se)** -im (se); pri glagolu je včasih navedena samo 3. oseba ednine sedanjika (**deževati**, dežuje).

Pri večbesednem geslu je končnica navedena za vsako besedo večbesednega izraza (**babje pšeno** -ega -a); pri večbesednem geslu s sklonsko neujemalnimi členi je nespremenjena sklonska oblika pri besedi večbesednega izraza označena z dvema črticama (**jeze- ro hladnega zraka** -a -- --); spol je določen po skladenjsko vodilnem členu in označen s kvalifikatorjem.

zaglavje Sestavni deli zaglavja so: slovnični kvalifikator za spol ali besednovrstna oznaka, navedba izgovora, če je različen od zapisa, in navedba simbola ali kratice.

Izgovor gesla je naveden v oglatem oklepaju; pri pisno neprilagojenih prevzetih izrazih je to najbližji fonetični zapis izgovarjave (**hurrican**), medtem ko je pri slovenskih besedah, kolikor je potrebno, označen samo izgovor polglasnika (**megla**).

V stroki uporabljan simbol ali kratica za geslo je naveden v okroglem oklepaju (**calvus, kisik**).

razlaga Razlaga je pomenska predstavitev gesla. Razlaga gesla določa pomen oz. funkcijo gesla in stoji za zaglavjem. Pri pomensko razčlenjenih terminih obstaja več pomenov; ti so označeni s številkami. Vse razlage so praviloma kratke in navajajo tiste pomenske prvine, ki so bistvene za enotno predstavo pojma, imajo pa lahko v oklepaju vrinjeno pojasnilo ali naštete primere, ki jo dopolnjujejo (**dan** 1).

Gesla so lahko pojasnjena s polno pomensko, nepolno pomensko ali posredno razlago.

Strokovno najustreznejši termin ima praviloma polno pomensko razlago. To lahko na začetku dopolni vrednotenjski kvalifikator (**anafronta, pasji dnevi** 1) ali kvalifikatorsko pojasnilo (**gostota,** *g. podatkov*), na koncu pa so, če obstajajo, za podpičjem navedeni: za kratico sin. obstoječa sopomenka ali sopomenke, če jih je več (**brezvetrje, ombrometer**), protipomenka, ki jo označuje kratica ant. (**ciklon**), ali opozorilo o vsebinski povezanosti z drugim strokovnim izrazom, ki ga označuje kratica prim. (**stratosfera**); slednja opozarja tudi na sistemsko razpredelnico v prilogi (**ve- ter**). Sopomenki, ki jima stroka daje enako veljavo, imata polno pomensko razlago (**tlak, pritisk**). Vse manj rabljene sopomenke, ki so v slovarju razvrščene kot gesla ali podgesla (po abecedi prve besede), imajo za določenim kvalifikatorjem namesto razlage naveden samo termin, pri katerem je polna pomenska razlaga (**prognoza, gornik, morski dim**); normativno težo ima pri tem kvalifikator neustrezno, zato tako ovrednotena sopomenka ni navedena pri geslu ali podgeslu s polno pomensko razlago (**lavina**; **koeficient**, *difuzijski k.*), medtem ko kvalifikator bolje usmerja na strokovno ustreznejše poimenovanje (**široko**; **fronta**, *tropska f.*).

Nepolna pomenska razlaga kaže samo najvažnejše sestavine pomena; navadno ima obliko oziralnega stavka (**kapa**).

Posredna razlaga določa pomen posredno, ker je pomen razviden iz izhodiščnega pomena (**meteorološki**).

Pri večpomenskih izrazih je vsak pomen predstavljen enako.

podgeslo

Večbesedni termin ali termini, katerih en člen je vedno geslo, so v geselskem članku praviloma obdelani in razvrščeni kot podgeslo ali podgesla v okviru pomena ali pomenov tega gesla. Zaporedje podgesel se ravna tudi tu po abecedi, pri čemer je izhodišče prva beseda. V podgeslih so navedeni večbesedni termini praviloma samo pri samostalniškem geslu (**veter**, **plast**) in le nekateri tudi pri pridevniškem (**vremenski**, **atmosferski**); nemalokrat pa so zaradi pogostne strokovne rabe navedeni tudi kot samostojna gesla (**mikrofizika oblakov**).

Podgeslo ima v geselskem članku svojo alineo; ta se začenja z delnim zamikom glede na geslo. Termin v podgeslu nima podatka o naglasu, ne druge oblike skladenjskega ali spregatvenega vzorca ali slovničnega kvalifikatorja. V zaglavju ima označeno le morebitno samomnožinskost (**oblak**, *nizki o.*) in za pisno neprilagojeno prevzeto besedo najbližji fonetični zapis izgovora v oglatem oklepaju (**skala**, *Beaufortova s.*), v okroglem oklepaju pa naveden znak (**skala**, *Celzijeva s.*) in izjemoma angleški ustreznik (**dimna sled**) ali razvezano angleško kratico (**vidnost**, *RVR v.*).

Samostalniško geslo, ki je sestavni del večbesednega termina, v podgeslu ni izpisano, ampak ga, če je enobesedni izraz, nadomešča njegova prva črka (**vihar**, *orkanski v.*), pri večbesednem izrazu pa prva črka vsake besede z dodano piko (**element zraka**, *masni e. z.*). Pri podgeslih, ki so navedena pri pridevniškem geslu, ker so podgesla razvrščena po abecedi prve besede, je geselski pridevnik, ki je skladenjsko odvisen od jedrnega samostalnika, zaradi nedvoumnosti prvič vedno izpisan, njegove enake oblike pa nadomešča samo prva črka z dodano piko (**atmosferski**).

Razlaga podgesla je, enako kot pri geslu, njegova pomenska predstavitev, v kateri so upoštevane zlasti nove pomenske sestavine glede na osnovni pomen gesla. Ta razlaga stoji za podgeslom oz. zaglavjem, če ga ima. Pomensko razčlenjena podgesla imajo pomene označene s številkami (**podatek**, *meteorološki p.*).

Podgesla so pojasnjena s polno pomensko razlago. Pri strokovno najustreznejšem izrazu jo na začetku dopolnjuje vrednotenjski kvalifikator (**koledar**, *vremenski k.*) ali kvalifikatorsko pojasnilo (**doba**, *povratna d.*), na koncu za podpičjem pa obstoječa sopomenka ali sopomenke (**čas**, *srednji sončni č.*), protipomenka (**klima**, *mila k.*), opozorilo o vsebinski povezanosti z drugim terminom (**ciklon**, *tropski c.*) ali napotilo k sistemski razpredelnici v prilogi (**klasifikacija**, *k. oblakov*).

Strokovno najustreznejši termin s polno pomensko razlago je lahko naveden v okviru geselskega članka samega (**karta**, *vremenska k., sinoptična k.*), pri drugem geslu (**oblak**, *klasifikacija o.*) ali nastopa tudi kot samostojno geslo (**mikrofizika oblakov**).

Pri razlaganju terminov v podgeslu je treba opozoriti še na naslednje:
- Če je izraz sestavljen iz samostalniškega jedra in določila, ki je pridevnik, potem jedrni samostalnik kot uvrščevalna beseda ni ponovljen (**kapljica**, *podhlajena k.*).
- Če je sestavljen iz samostalniškega jedra in določila, ki je samostalnik, jedrni samostalnik večbesednega izraza ni več nujno uvrščevalna beseda; če to je, je jedrni samostalnik ponovljen (**kapljica**, *k. aerosola*), sicer pa je navedena nova uvrščevalna beseda (**gostota**, *g. zraka*).
- Pri izrazu z večbesednim geslom je večbesedno jedro v razlagi vedno ponovljeno (**element zraka**).

kvalifikatorji Za opredeljevanje meteoroloških terminov, njihovih pomenov in sopomenk so v slovarju uporabljeni kvalifikatorji; to so pojasnila, ki opredeljujejo slovnično kategorijo besede, opozarjajo na njeno razširjenost in njeno vrednost ter nakazujejo njeno rabo, in sicer:

- za označevanje slovničnih informacij, zlasti v zaglavju, so uporabljeni naslednji kvalifikatorji:

dov.	-	dovršni glagol
m	-	moški spol, samostalnik moškega spola
mn.	-	množina
nedov.	-	nedovršni glagol
prisl.	-	prislov
s	-	srednji spol, samostalnik srednjega spola
ž	-	ženski spol, samostalnik ženskega spola

- za vrednotenje in druge podatke so uporabljeni naslednji kvalifikatorji:

ant.	-	antonim ali protipomenka, beseda z nasprotnim pomenom
bolje	-	napotilo k ustreznejšemu oziroma priporočenemu strokovnemu izrazu
gl.	-	glej, napotilo h geslu ali podgeslu, pri katerem je celotna informacija
in	-	oznaka za enakovredno pisno obliko strokovnega izraza
krat.	-	kratica, napoved znaka ali simbola, s katerim se v stroki okrajša strokovni izraz
neustr.	-	neustrezno, prepoved rabe v strokovnem besedilu
poljud.	-	poljudno, opozorilo, da gre za splošno, poljudno rabo
prim.	-	primerjaj, napotilo k dodatni informaciji
sin.	-	sinonim ali sopomenka, beseda z enakim pomenom
tudi	-	oznaka za manj rabljeno pisno obliko strokovnega izraza
zastar.	-	zastareli izraz, ki je v rabi v starejši strokovni literaturi

V slovarju so uporabljena tudi kvalifikatorska pojasnila, ki so kvalifikatorjem podobna, v daljši enoti izražena opozorila. Kvalifikatorsko pojasnilo je sestavni del razlage, praviloma pa nakazuje način, po katerem je treba razumeti razlago (**dekada** 2).

tisk

Da bi bili geselski članki preglednejši, so gesla tiskana v krepkejšem tisku, podgesla v polkrepkem in z ležečimi črkami, za kvalifikatorje in kvalifikatorska pojasnila so uporabljene stisnjene črke, kar olajšuje njihovo prepoznavanje.

priloga

Slovarju so priložene preglednice nekaterih klasifikacij, znakov ali simbolov in kratic.

SLOVAR

A

absórpcija -e *ž* 1. raztapljanje plina ali pare v tekočini ali trdni snovi
2. vpijanje energije sevanja ali kake druge oblike energije v snovi; sin. vpoj
selektivna a., odvisna od valovne dolžine sevanja
totalna a., ki zajema celotno valovno območje sevanja

absorptívnost -i *ž* 1. lastnost snovi, da vpija energijo ali kako drugo snov
2. mera jakosti absorpcije

adiabáta -e *ž* črta, ki v diagramu termodinamičnih spremenljivk povezuje ravnotežna stanja, ko ni dotoka ali odtoka toplote; sin. izentropa
nasičena a., ki pri nasičeni vlagi povezuje ravnotežna stanja
nenasičena a., ki velja za vlažni, vendar nenasičeni zrak; sin. suha adiabata
suha a. bolje: nenasičena adiabata

adiabátni procés -ega -a *m* gl. proces

advékcija -e *ž* prenos količine z gibanjem snovi, predvsem v vodoravni smeri

áerodinámika -e *ž* veda o gibanju zraka ter o silah in tokovih pri gibanju teles skozi zrak

aerográm -a *m* nomogram, ki ima na abscisi logaritem temperatu-

re in na ordinati produkt temperature in logaritma pritiska

aerologíja -e *ž* področje meteorologije, ki proučuje prosto atmosfero

aeronomíja -e *ž* veda o dogajanjih v visokih plasteh ozračja (nad 50 km)

aerosól -a *m* trdne in tekoče primesi, lebdeče v ozračju, ki povzročajo suho motnost ozračja
higroskopni a., ki vpija vodo
izločanje a. pojav, da aerosol izginja iz ozračja, npr. z izpiranjem
neomočljivi a., ki ne vpija vode niti se z njo ne omoči
omočljivi a., ki se z vodo omoči, vendar je ne vpija

áeroterapíja -e *ž* zdravljenje s posebnimi lastnostmi zraka

ágroklimatologíja -e *ž* veda o vplivu klime na rastline in živali

ágrometeorologíja -e *ž* veda o vplivu meteoroloških parametrov na kmetijstvo

aklimatizácija -e *ž* prilagajanje organizma na spremenjeno okolje

aktinográf -a *m* naprava za merjenje in zapisovanje gostote energijskega toka sončnega obsevanja; sin. solarigraf

aktinométer -tra *m* naprava za

merjenje gostote energijskega toka sončnega obsevanja; sin. solarimeter

aktívnost -i ž dejavnost in intenzivnost procesov v ozračju

ciklonska **a.** 1. intenzivnost dogajanj, ki so značilna za ciklon 2. pogostnost oziroma intenzivnost pojavljanja ciklonov na določenem geografskem območju

frontalna **a.** intenzivnost dogajanj, ki so značilna za atmosfersko fronto

nevihtna **a.** pogostnost oziroma intenzivnost pojavljanja neviht

albédo -a m razmerje med razpršeno, odbito in vpadlo svetlobo na kaki površini; prim. odbojnost

albedométer -tra m naprava za merjenje albeda

altiméter -tra m naprava za približno določanje višine na osnovi merjenja zračnega tlaka; prim. aneroid, višinomer

altocúmulus tudi altokúmulus -a [altokumulus] m (krat. Ac) srednji oblak v obliki kosmov, diskov ali kopic

altostrátus -a m (krat. As) plastovit srednji oblak brez izrazitih oblik

amplitúda -e ž 1. razlika med povprečno in ekstremno vrednostjo kake količine, ki ima vsaj približno periodičen časovni potek 2. razlika med najnižjo in najvišjo vrednostjo v hodu kake količine; bolje: razpon

anafrónta -e ž zastar. frontalna površina z večjim nagibom, pri kateri se dviga topli zrak po vsej površini

analíza -e ž postopek, pri katerem se kak proces, pojav, funkcija, pojem ali snov razčleni ali razstavi na elementarne sestavine; sin. razčlenitev

a. *velikostnih redov* analiza, ki določa pomembnosti vplivov, ki jih opisujejo posamezni členi enačbe

dimenzijska **a.**, ki ugotavlja zveze med fizikalnimi pojavi na osnovi njihovih dimenzij

grafična **a.**, ki uporablja grafične metode

izobarna **a.**, ki določa lego izobar in značilnosti polja zračnega pritiska

numerična **a.**, ki uporablja računske postopke

objektivna **a.**, ki temelji na osnovi kvantitativno določenih povezanosti med posameznimi pojavi ali procesi

sinoptična **a.**, pri kateri se določajo vremenski procesi v prostoru na osnovi meteoroloških opazovanj po sinoptični metodi

skalarna **a.**, ki določa razporeditev skalarne količine v prostoru

spektralna **a.** 1. matematični postopek, ki omogoča določitev periodičnosti količin in pomembnosti posameznih period 2. analiza, ki določa kemijsko sestavo snovi z merjenjem spektralnih črt, ki jih sevajo ali absorbirajo atomi

subjektivna **a.**, ki temelji na empiričnih izkušnjah

vektorska **a.**, ki določa razporeditev vektorske količine

anemográf -a m anemometer, ki zapisuje časovni potek hitrosti in smeri vetra

anemográfski trák -ega -ú m registrirni papir za zapisovanje časovnega poteka hitrosti in smeri vetra

anemométer -tra m naprava za merjenje hitrosti in smeri vetra, npr. mehanski rotirajoči anemometer, električni, elektronski, zvočni, laserski anemometer, anemometer na vročo žico; sin. vetromer

aneroíd -a m naprava za merjenje zračnega tlaka na osnovi deformacije Vidiejeve doze; sin. kovinski barometer; prim. altimeter, višinomer

anomalíja -e ž večji in pomembnejši odklon meteorološke količine od normalne vrednosti; sin. odstopanje

ánticiklogenéza -e ž proces nastajanja anticiklona

ánticiklón -a m obsežno območje z nadpovprečnim ali povišanim zračnim tlakom in anticiklonsko cirkulacijo zraka; ant. ciklon

azorski a. subtropski anticiklon, ki nastaja na področju Azorov in se lahko razširi tudi nad Evropo

blokadni a., ki nastane pri blokiranju planetarnih zračnih tokov

polarni a., ki izvira iz polarnih območij

sibirski a. polarni anticiklon, ki pogojuje širjenje mrzlega zraka iznad Sibirije proti jugu ali zahodu

subtropski a., ki nastaja v subtropskem območju in pogojuje širjenje tropskih zračnih mas proti severu

aproksimácija -e ž približna oceni-tev vrednosti ali pomembnosti kake količine; sin. približek

Boussinesqova a. [busineskova], pri kateri je stisljivost zraka zanemarljiva, razen v povezavi s težnostjo

geostrofska a., pri kateri sta pomembni le gradientna in deviacijska sila

hidrostatična a., pri kateri je teža tekočine izenačena z navpično silo gradienta pritiska

kvazigeostrofska a. nedosledno prevzeta geostrofska aproksimacija v sistemu enačb

árcus -a [arkus] m (krat. arc) lok pri bazi oblaka, ki izhaja iz vodoravnega zvitka oblaka in je temnega videza

arídnost -i ž 1. značilnost klime, da so padavine zelo poredko; sin. sušnost 1

2. primanjkljaj padavin na kakem območju, npr. pri klasifikaciji klime; sin. sušnost 2

ascendènt -ênta m bolje: gradient

atmosféra -e ž 1. plinski ovoj Zemlje; sin. ozračje

masa a. celotna masa Zemljinega ozračja (5,3 10^{18} kg)

2. del tega ovoja, ki ima dejanske ali predpostavljene lastnosti

baroklina a., v kateri se ploskve enakega zračnega tlaka in gostote sekajo

barotropna a., v kateri so ploskve enakega zračnega tlaka in gostote vzporedne

homogena a., pri kateri se predpostavlja, da se gostota zraka z višino ne spreminja

izotermna a., pri kateri je temperatura z višino konstantna *labilna* **a.**, pri kateri je vertikalni gradient temperature večji od adiabatnega

prosta **a.**, v kateri ni neposrednega vpliva zemeljskega površja

stabilna **a.**, pri kateri je vertikalni gradient temperature manjši od adiabatnega

standardna **a.**, pri kateri se predpostavlja razporeditev temperature, tlaka in gostote zraka z višino po posebnem dogovoru **3.** opuščena enota za merjenje tlaka; prim. bar

atmosfêrski -a -o ki se nanaša na atmosfero

atmosferska elektrika električni naboji, polja in pojavi v ozračju

a. *fronta* meja med različnima zračnima masama in dogajanje ob njej

a. *plast* plast, ki je pretežno vodoravna in velja za del atmosfere

a. *refrakcija* refrakcija, ki nastane pri prehodu žarka iz vesolja skozi zemeljsko ozračje

a. *turbulenca* turbulenca, ki je v zračnem toku

atmosferski plin **1.** posamični plin, ki se nahaja v ozračju **2.** raba v mn. plini, ki sestavljajo ozračje

a. *pojav* pojav, ki je v atmosferi; sin. meteorološki pojav 2, gl. pojav

atmosfersko okno pas v infrardečem delu spektra, med 8,5 in 11 mikrometri, v katerem je atmosfera prepustna za dolgovalovno sevanje

ávtokonvékcija -e ž spontani začetek konvektivnega gibanja v zračni plasti, v kateri je padec temperature z višino enak ali večji od 34 K/km

B

bábje polétje -ega -a s poljud. daljše razdobje lepega in toplega vremena v jeseni

bábje pšêno -ega -a s padavine v obliki belih neprozornih okroglih zrn s premerom od 1 do 5 mm, ki pri padcu na trdo podlago odskakujejo in se razletijo

balón -a m kroglasta tvorba iz gumija, plastike ali platna, napolnjena z lahkim plinom, ki služi za prenos merilnih instrumentov ali kot indikator zračnih tokov, višine oblakov

pilotažni **b.**, ki se dviga skozi prosto atmosfero in se ga sledi s teodolitom zaradi določanja smeri in hitrosti višinskega vetra

plavajoči **b.**, ki potuje z vetrom na izobarni ploskvi; sin. trandosonda

radiosondni **b.**, ki se prosto dviga skozi atmosfero in nosi radiosondo

vezani **b.**, ki je privezan in so na

njem nameščene meteorološke merilne naprave

balón tôplega zráka -a -- -- m volumen relativno toplega zraka ovalne oblike, ki se dviga

bár -a m enota za merjenje tlaka (1bar = 100000 Pa)

barográf -a m barometer, ki zapisuje časovni potek zračnega tlaka

barográfski trák -ega -ú m registrirni trak za zapisovanje časovnega poteka zračnega tlaka

barográm -a m grafični zapis barografa

baroklínost -i ž stanje ali stopnja baroklinih razmer v ozračju; prim. baroklina atmosfera, gl. atmosfera

barométer -tra m naprava za merjenje zračnega tlaka
kontrolni b., ki služi za umerjanje drugih barometrov
kovinski b. gl. aneroid
postajni b. živosrebrni barometer, ki je standardiziran za meritve na meteorološki postaji
živosrebrni b., pri katerem se določa vrednost zračnega tlaka z razliko višin živega srebra v odprtem in zaprtem kraku cevi

barotrópnost -i ž stanje ali stopnja barotropnih razmer v atmosferi; prim. barotropna atmosfera, gl. atmosfera

bárva mórja -e -- ž barvni videz morja, ki je odvisen od oblačnosti, čistosti vode in njene globine

báza -e ž višina spodnje meje česa
b. inverzije baza, ki velja za temperaturno inverzijo
b. oblaka baza, ki velja za oblak,

oblačno plast

beaufórt -a [bofor] m (znak Bf) enota za določanje jakosti vetra po vidnih učinkih vetra; gl. prilogo o vetrovih

bilánca -e ž primerjalni prikaz razlike med količinami, ki se dodajajo ali odvzemajo kakemu sistemu
b. sevanja razlika med prejetim in oddanim sevanjem
energijska b. razlika med prejeto in oddano energijo
toplotna b. razlika med prejeto in oddano toploto
vodna b. ravnotežje med dotoki in odtoki vode v definiranih hidroloških enotah, bazenih, jezerih, pri čemer je upoštevano tudi shranjevanje

biolóški temperatúrni mínimum -ega -ega -a m temperaturni prag, ki mora biti dosežen, da se v živih bitjih sproži določena aktivnost, različen za različne rastline in različne fenološke faze

bíometeorologíja -e ž področje meteorologije, ki proučuje odvisnost dogajanj v živem svetu od meteoroloških razmer

bíoprognóza -e ž **1.** napoved jakosti učinka vremena na splošno počutje ljudi
2. napoved sprožitve ali spremembe bolezenskega stanja

biosfêra -e ž območje v sistemu tla-zrak, kjer se pojavljajo živi organizmi

biotóp -a m prostor, v katerem živijo bitja v enakih življenjskih razmerah

blísk -a m vidni pojav ob streli; prim. bliskanje

biserni b. svetla pikčasta črta, verjetno prehodna oblika med črtastim in kroglastim bliskom

črtasti b. vijugasta črta ali trak, pri katerem se lahko pojavijo bočni izrastki

kroglasti b. svetleča krogla, ki se vijugasto giblje skozi atmosfero

povratni b., ki se vrača po kanalu vodilnega bliska

površinski b. kratkotrajni blisk na površini oblaka, ki je brez električnega prevodnega kanala do drugega oblaka ali zemeljske površine

vodilni b., ki ustvarja električni prevodni kanal med oblakom in zemeljsko površino

blískanje -a s pojavljanje močne svetlobe, nastale ob streli

blískati se, zlasti v 3. os. ed. sedanjika: blíska se, zapovrstno zažareti, zasvetiti se ob streli

blískavica -e ž pojav, pri katerem se v daljavi vidijo bliski ali njegovi odsevi, grmenje pa se ne sliši

blokáda -e ž razpad planetarnega zahodnika v zmernih geograf-

skih širinah z nastankom anticiklona na severu in ciklona na jugu

brezvétrje -a s stanje ozračja 0 beaufortov, pri katerem se dim dviga navpično, morje pa je mirno in gladko; sin. calma tudi kalma; prim. prilogo o vetrovih

brífing -a m razlaga meteoroloških razmer, ki je dana pilotu ustno

brontográf -a m naprava za zapisovanje električnih praznjenj v ozračju; prim. števec bliskov, gl. števec

Brownovo gíbanje -ega -a [bráu̯novo] s neurejeno termično gibanje mikroskopskih delcev v kapljevinah ali plinih zaradi trkov z molekulami

burín -a m lahen lokalni veter na vzhodni jadranski obali v nočnem in jutranjem času, ki piha s kopnega na morje

búrja -e ž značilen slapovit in sunkovit veter, pretežno severovzhodne smeri, ki se pojavlja na Primorskem oziroma ob vzhodni jadranski obali, predvsem po prodoru hladnega zraka

C

cálma tudi **kálma** -e [kalma] ž gl. brezvetrje

cálvus -a [kalvus] m (krat. cal) plešast cumulonimbus brez v cirrus spremenjenega vrha

capillátus -a [kapilatus] m (krat. cap)

cumulonimbus z vlaknatim pokrivalom cirrusa

castellánus -a [kastelanus] m (krat. cas) oblak v obliki stolpičev; sin. stolpičasti oblak

ceilométer -tra [silometer] m na-

prava za določanje višine baze
oblakov

célica -e *ž* prostor, za katerega je
značilna kaka vsebnost ali
dogajanje

Hadleyeva c. [hadlejeva] prostor z
meridionalno cirkulacijo na
obeh straneh ekvatorja oziroma
intertropske konvergenčne cone

konvektivna c. prostor z navpič-
nim kroženjem zraka v navpični
ravnini zaradi čistega vzgona

nevihtna c. območje nevihtnega
oblaka z značilnimi pojavi, npr.
močno konvekcijo, velikimi
kapljami, ledenimi zrni

odprta konvektivna c. konvektiv-
na celica, ki ima oblake na
robovih

padavinska c. del oblaka s pada-
vinskimi elementi

zaprta konvektivna c. konvektiv-
na celica, ki ima oblake v sre-
dini, robovi pa so jasni

ciklogenéza -e *ž* nastajanje ali
poglabljanje ciklona

ciklolíza -e *ž* proces izginjanja ci-
klona

ciklón -a *m* obsežno območje s
podpovprečnim ali znižanim
zračnim pritiskom in ciklonsko
cirkulacijo zraka; ant. anticiklon

bežeči c. manjši ciklon v zmernih
geografskih širinah, ki se hitro
premika

centralni c. obsežen ciklon, ki je
razvit po vsej troposferi in se
počasi premika

c. zmernih širin ciklon, ki se
pojavlja ob polarni fronti v
pasu zmernih geografskih širin

družina c. gl. družina ciklonov

genovski c. sekundarni ciklon, ki

nastaja južno od Alp ob prodo-
ru hladnega zraka v zahodno
Sredozemlje

globoki c., ki ima močno znižan
zračni pritisk

orografski c., ki nastaja zaradi
modifikacije zračnih tokov ali
frontalnih sistemov ob gorskih
pregradah

plitvi c. 1. ciklon, ki ima malo
znižan zračni pritisk 2. ciklon, ki
je razvit samo v spodnji tropo-
sferi

polarni c., ki je nad polarnim
območjem v zgornji plasti tro-
posfere in v delu stratosfere

sektor c. gl. sektor ciklona

sekundarni c., ki običajno nastaja
na jugozahodnem obrobju več-
jega ciklona ali centralnega
ciklona

sredozemski c., ki nastane v Sre-
dozemlju

tropski c., ki nastane v tropski
konvergentni coni; prim. hurrican,
orkan 2, tajfun

valovni c., ki nastane z valova-
njem polarne fronte

višinski c., ki je razvit samo v
višjih plasteh troposfere ali v
spodnji stratosferi

cirkulácija -e *ž* 1. v sebi zaključeno
gibanje zraka; sin. celično gibanje

globalna c., ki zajema gibanje
zraka nad poloblo ali nad celot-
nim planetom

lokalna c., ki zajema gibanje
zraka nad manjšim območjem,
npr. kotlino, mestom, obalo

meridionalna c., pri kateri je izra-
zita komponenta gibanja zraka
v smeri sever-jug ali obratno

primarna c., ki je del splošnega

gibanja zraka nad kakim območjem

sekundarna *c.*, ki nastane zaradi modifikacije primarne cirkulacije

zonalna c., pri kateri je prevladujoča komponenta gibanja zraka v smeri zahod-vzhod ali obratno
2. krivuljni integral hitrosti zračnega delca vzdolž zaključene poti
3. smer kroženja zraka, npr. ciklonska cirkulacija, anticiklonska cirkulacija

anticiklonska c. na severni polobli vodoravno kroženje zraka v anticiklonu oziroma v smeri urnih kazalcev

ciklonska c. na severni polobli vodoravno kroženje zraka v ciklonu oziroma v nasprotni smeri urnih kazalcev
4. neustrezno poimenovanje za nezaključene tokove nad kakim območjem

cirrocúmulus tudi cirokúmulus -a [cirokumulus] m (krat. Cc) prosojen visoki oblak iz ledenih kristalčkov v obliki drobnih kosmov ali kopic

cirrostrátus tudi cirostrátus -a [cirostratus] m (krat. Cs) prosojen visoki oblak iz ledenih kristalčkov v obliki bele koprene

círrus tudi círus -a [cirus] m (krat. Ci) vlaknat, perjast ali koprenast prosojen visoki oblak iz ledenih kristalčkov

cóna -e ž 1. del Zemljine površine
bioklimatska c. z nekaterimi skupnimi bioklimatskimi značilnostmi

intertropska konvergentna c., v kateri se zrak pri tleh steka k termičnemu ekvatorju in se v njej dviga; sin. tropska fronta

klimatska c. z nekaterimi skupnimi klimatskimi značilnostmi
2. določeno območje z značilnimi skupnimi lastnostmi ali pojavi

c. akumulacije cona v oblaku, kjer je zelo močna rast oziroma dotok padavinskih elementov

frontalna c., v kateri nastajajo pojavi, značilni za (atmosfersko) fronto

padavinska c., v kateri se pojavljajo padavine

congéstus -a [kongestus] m (krat. con) nakopičen, nagrmaden cumulus

cumuloním bus tudi kumuloním bus -a [kumulonimbus] m (krat. Cb) oblak vertikalnega razvoja velikih razsežnosti, ki je navadno nevihten

cúmulus tudi kúmulus -a [kumulus] m (krat. Cu) kopasti oblak vertikalnega razvoja

Č

čád -a m primesi v zraku, ki so produkt izgorevanja, zaradi katerih je zmanjšana vidnost; prim. smog

čàs čása m 1. osnovna fizikalna količina, ki omogoča razvrščanje dogodkov po sosledju

conski č. srednji sončni čas na določenem izbranem meridianu, ki ima veljavo za širše območje

č. opazovanja dogovorjeni termini, v katerih potekajo meteorološka opazovanja

greenwiški č. [griniški] gl. svetovni čas

krajevni č. gl. srednji sončni čas

lokalni č. gl. srednji sončni čas

pravi sončni č. sončni čas, ki je določen na osnovi navideznega gibanja Sonca

srednjeevropski conski č. conski čas, ki je določen po srednjem sončnem času na meridianu, ki poteka 15° vzhodno od Greenwicha

srednji sončni č. sončni čas, ki je določen s predpostavko, da se Sonce navidezno enakomerno giblje po nebesnem ekvatorju z obhodno dobo enega leta; sin. krajevni čas, lokalni čas

svetovni č. srednji sončni čas na meridianu, ki poteka preko Greenwicha; sin. greenwiški čas

2. omejeno ali neomejeno trajanje

odzivni č. časovni presledek med akcijo in reakcijo pri kakem procesu, pojavu ali napravi

čŕno teló -ega -ésa s telo, ki absorbira vse nanj vpadlo sevanje

čŕta -e ž sin. linija

D

dajálnik -a m gl. tipalo

daljínsko zaznávanje -ega -a s zaznavanje na daljavo z zato prirejenimi napravami, npr. z radarjem, zvočnim radarjem, radiometrom

dán dnéva m 1. čas 24 ur, ki traja od polnoči do naslednje polnoči (v katerem je bil zabeležen kak vremenski pojav ali stanje, npr. nevihtni dan, mrzli dan)

dolžina d. gl. dolžina 2

jasni d., ko je povprečna dnevna oblačnost pod 2/8

ledeni d., ko je maksimalna dnevna temperatura pod 0 °C

mrzli d., ko je minimalna dnevna temperatura pod 0 °C

oblačni d., ko je povprečna dnevna oblačnost nad 6/8

poletni d., ko je maksimalna dnevna temperatura nad 25 °C

tropski d. gl. vroči dan

vroči d., ko je maksimalna dnevna temperatura nad 30 °C; sin. tropski dan

2. dolžina poljubno izbranega časovnega intervala 24 ur

3. čas svetlobe od sončnega vzhoda do sončnega zahoda; sin. podnevi

deficít -a m količina, ki je manjša od povprečja ali količina, ki je manjša od postavljene, optimalne ali kake druge vrednosti; sin. primanjkljaj

d. vlažnosti razlika med nasičeno in dejansko vlago v ozračju

d. vodnosti tal razlika med maksimalno mogočo vodnostjo tal in trenutno vodnostjo tal

deformácija -e ž kinematična količina toka, ki predstavlja spremembo oblike volumskega elementa in je podana z vsoto strižne in raztezne deformacije

raztezna d., ki je razlika divergence v pravokotnih smereh

strižna d., ki je vsota členov striženja hitrosti

dekáda -e ž **1.** obdobje desetih dni

2. v meteorološki statistiki: vsako od prvih dveh desetdnevnih obdobij meseca in obdobje preostalih dni meseca

délec -lca m element aerosola ali kapljica, ki lebdi v ozračju in je nastal zaradi naravnih procesov ali človekove dejavnosti

Aitkenov d. [ajtkenov] najmanjši delec primesi v ozračju s premerom pod 0,1 mikrometra, ki služi kot kondenzacijsko jedro

higroskopni d. 1. delec, ki se omoči in vpija vodo 2. delec, na katerem se najhitreje kondenzira vodna para v ozračju

lebdeči d. z zanemarljivo majhno hitrostjo padanja skozi zrak

neomočljivi d., ki se (z vodo) ne omoči; prim. aerosol

oblačni d. oblačne kapljice in kristalčki s premerom pod 0,1 mm

omočljivi d., ki se (z vodo) omoči, vendar ne vpija vode

padajoči d. padajoče kaplje, kristali in ledena zrna s premerom nad 0,1 mm

prašni d. trdni delec v ozračju

solni d. delec morske soli v ozračju

délec zráka -lca -- m bolje: element zraka

délta -e ž območje difluentnega toka, npr. v frontalni coni

dél zráka -a -- m gl. element zraka

déndroklimatологíja -e ž področje klimatologije, ki proučuje preteklo klimo po letnicah dreves

denudácija -e ž gl. ogolitev 2

denziméter -tra m naprava za merjenje gostote snega

depéša -e ž meteorološki podatki, pretvorjeni po posebnem ključu v informacijo, ki je običajno številčna

depozícija -e ž **1.** neposreden prehod iz plinastega v trdno agregatno

stanje, npr. prehod vodne pare
iz plinastega stanja neposredno
v led; ant. sublimacija
2. odložitev primesi na tla; sin.
izpad 1

depozít -a m sin. usedlina prahu, gl.
prah

depresíja -e ž območje, na katerem
so vrednosti kake količine nižje
kot v okolici, npr. v polju zrač-
nega pritiska

islandska d., ki se pojavlja v
polju zračnega tlaka pogosto in
izrazito v okolici Islanda in
vpliva na vreme v Evropi

depresíja rosíšča -e -- ž gl. rosišče

deviácija -e ž odklon (vetra) od
prvotne smeri

dèž -jà [dəž] m padavine v obliki
kapelj s premerom nad 0,5 mm

d. s snegom istočasno padanje
dežnih kapelj in snežink

drobni d. z majhnimi kapljami

močni d. z veliko intenzivnostjo

neznatni d. samo z nekaj kaplja-
mi

podhlajeni d. s podhlajenimi kap-
ljami

rahli d. z majhno intenzivnostjo

slabi d. neustr., gl. rahli dež

umetni d., nastal zaradi umetnih
posegov v oblak

zmrznjeni d. dežne kaplje, ki so v
prizemni plasti ozračja zmrznile

dežemér -a [dəž] m gl. ombrometer

dèžen -žna -o [dəž] ki se nanaša na
dež

dežna kaplja padajoča kaplja s
premerom nad 0,5 mm, ki je
padavina

d. ploha ploha, ki pade v obliki
dežja

deževáti, zlasti v 3. os. ed. sedanjika: dežúje,
[dəž] padati iz oblakov v obliki
dežja

dežévje -a [dəž] s večdnevno obdob-
je z dežjem

jesensko d. dolgotrajen dež, ki se
jeseni pogosto pojavlja

monsunsko d. intenziven dež v
določenem obdobju leta, nastal
zaradi monsuna

tropsko d. pogost dež v ekva-
torialnem pasu v določenem
obdobju leta ali delu dneva

dežévnica -e [dəž] ž vodna masa
dežja

dèžna sénca -e -e [dəž] ž območje za
gorskimi pregradami, kjer je
znatno manj padavin kot na
privetrni strani

dèžni fáktor -ega -ja [dəž] m para-
meter za ugotavljanje učinkovi-
tosti padavin, vlažnosti tal, npr.
Langovo razmerje med količino
padavin in temperaturo zraka

diabátni procés -ega -a m gl. proces

diagnóza -e ž dobro opredeljeno
vremensko stanje in dosedanji
razvoj vremena, ki je osnova
vremenske napovedi

diagrám -a m grafični prikaz od-
visnosti med kakimi količinami

fazni d. prikaz stanj in prehodov
snovi v termodinamičnem si-
stemu

frekvenčni d. prikaz pogostnosti
kakega pojava ali vrednosti
kake količine

klimatski d. prikaz klimatskih
karakteristik kakega kraja ali
območja

difluénca -e ž razhajanje tokovnic
v delu toka

difrákcija -e ž pojav, pri katerem se valovanje širi v geometrijsko senco; sin. uklon

difuzíja -e ž pojav, pri katerem se izenačuje prvotna neenakomerna razporeditev snovi ali lastnosti

d. svetlobe bolje: sipanje svetlobe, gl. sipanje

Fickova d. [fikova], pri kateri je difuzivnost neodvisna od kraja in časa

molekularna d., pri kateri poteka izmenjava lastnosti med deli zraka z molekularnim gibanjem

turbulentna d., ki nastane zaradi turbulentnega gibanja

difuzívnost -i ž intenzivnost difuzije

dìm díma m vidni, drobni delci v ozračju, ki so produkt izgorevanja

dímen -mna -o ki se nanaša na dim

dimni dvig relativna višina med tisto, ki jo doseže v vodoravno lego odklonjena os dima in višino vira, npr. dimnika

d. plin raba v mn. plini, ki nastajajo pri zgorevanju

dímna sléd -e -í ž pramen dima, ki se od vira širi vzdolž vetra

curkasta d. s. (ang. fanning) tanka dimna sled v močno stabilni plasti

dvignjena d. s. (ang. lifting) dimna sled, ki je spodaj pretežno ravna, zgoraj pa se širi

opletajoča d. s. (ang. looping) v navpični smeri neurejeno gibajoča se dimna sled

povešena d. s. (ang. fumigation) dimna sled, ki je zgoraj pretežno ravna, spodaj pa se razširi

stožčasta d. s. (ang. coning) dimna sled, ki se zmerno širi v zmerno stabilni zračni plasti

dinámika oblákov -e -- ž področje meteorologije, ki obravnava gibanja v oblakih v povezavi z vremenskim stanjem in mikrofizikalnimi dogajanji v oblakih

disipácija -e ž bolje: razkroj

diskontinuitéta -e ž gl. nezveznost

dispêrzija primesí -e -- ž razširitev primesi v prostoru; sin. masna divergenca

dispêrzija valovánja -e -- ž razklon (valovanja) zaradi pojava, da je hitrost valovanja odvisna od valovne dolžine

divergénca -e ž 1. skalarni produkt operatorja nabla z vektorsko količino

d. vektorja skalarna količina, ki je merilo gostote izvirov

os d. os, vzdolž katere je divergenca v deformacijskem polju hitrosti

2. raztekanje tekočine v polju hitrosti; ant. konvergenca

dvodimenzionalna d., ki je v vektorskem polju na ploskvi

masna d. bolje: disperzija primesi

trodimenzionalna d., ki je v vektorskem polju v prostoru

dnévni hòd -ega hóda m spreminjanje vrednosti meteorološkega elementa v teku dneva

dôba -e ž daljše časovno obdobje, ki ima določene skupne značilnosti

deževna d. del leta, v katerem so pogoste padavine, npr. v monsunski klimi

kurilna d. del leta, v katerem je potrebno ogrevanje prostorov glede na zunanje temperature zraka po predpisanih kriterijih *ledena d.* obdobje planetarnih ohladitev v zgodovini Zemlje

povratna d. v klimatološki statistiki: obdobje, ki določa verjetnost ponovitve kakega pojava

sušna d. del leta, v katerem skoraj ni padavin, npr. pri monsunski klimi

vegetacijska d. del leta, v katerem je zaznavna aktivnost rastlin

dolína -e ž v kako smer raztegnjeno območje relativno nižjih vrednosti kake količine, npr. vboklina na ploskvi zračnega pritiska

barična d., ki je v polju zračnega pritiska

termična d., ki je v polju temperature zraka

dolžína -e ž 1. razdalja med dvema točkama

geografska d. kotna razdalja kakega kraja od meridiana, ki gre skozi Greenwich

stabilnostna d. višina v turbulentnem toku prizemne plasti, kjer sta vpliva vzgona in striženja na turbulenco enaka

valovna d. razdalja med točkama, v katerih doseže valujoča količina hkrati enako, npr. največjo vrednost 2. omejeno trajanje

časovna d. trajanje kakega pojava

d. dneva 1. časovni interval med sončnim vzhodom in sončnim zahodom; prim. podnevi 2. interval 24 ur

d. noči časovni interval med sončnim zahodom in sončnim vzhodom; prim. ponoči

d. rastne dobe število dni med povprečno zadnjo spomladansko slano in povprečno prvo jesensko slano

družína ciklónov -e -- ž pojav zaporednih ciklonov na polarni fronti

duplicátus -a [duplikatus] m (krat. du) oblak, ki je v dveh nivojih

dušík -a m (simbol N₂) plin brez barve in okusa, po količini prva sestavina ozračja

dušíkov oksíd -ega -a m 1. (simbol NO) plin, spojina enega atoma dušika in enega atoma kisika 2. (simbol NOₓ) raba v mn. spojine dušika s kisikom, ki so pomembna komponenta onesnaženosti zraka

dvíganje -a s pomikanje česa navzgor

d. dela zraka dviganje manjšega dela zraka zaradi čistega vzgona

d. ploskev pritiska dviganje, ki velja za ploskve pritiska

d. zračnih plasti dviganje, ki velja za obsežne vodoravne zračne plasti

prisilno d., ki nastane zaradi učinka zunanjih sil razen vzgona

termično d., ki nastane zaradi termično pogojenega čistega vzgona

E

efékt -a m gl. učinek

efektívne padavíne -nih -vín ž mn. **1.** del padavin, ki doseže rečna korita kot odtok, npr. za hidroelektrarne
2. del padavin, ki ostane v tleh in je uporaben za rastline, npr. v agrometeorologiji

Ékmannova spirála -e -e [ekmanova] ž oblika značilnega prilagajanja hitrosti vetra in odklanjanje smeri v desno z višino do vrha planetarne mejne plasti zaradi vpliva trenja

ekologíja -e ž veda o medsebojnih odnosih med okoljem in živimi organizmi

ékosistém -a m sistem sovplivov med mrtvim fizičnim okoljem in življenjsko združbo

eksosfêra -e ž zunanja, zadnja plast ozračja na višini 100 do 1000 km nad tlemi, za katero je značilen beg atomov v vesolje

ekstínkcija -e ž gl. slabitev 2

ekstrapolácija -e ž sklepanje na vrednost kake količine v prostoru oziroma času zunaj polja, v katerem je razporeditev te količine znana

ekstrém -a m največja ali najmanjša vrednost kake količine v času ali prostoru
absolutni e., ki velja za celotno opazovalno obdobje ali območje
dnevni e., ki velja za izbran datum ali za en dan
e. povprečnih vrednosti ekstrem,

določen v vzorcu povprečnih vrednosti
klimatski e., ki velja za kako klimatsko obdobje ali območje
regionalni e., ki velja za izbrano območje

ekvátor -ja m namišljen glavni krog na Zemlji v ravnini, pravokotni na os vrtenja Zemlje
termični e. linija, ki povezuje kraje z najvišjimi temperaturami (navadno mesečnimi povprečji) na Zemlji

ekvi... prvi del zloženk: enak, npr. ekvinokcij, ekvipotencialna ploskev; prim. izo...

ekvinókcij -a m gl. enakonočje

ekvivaléntni premér -ega -a m premer kapljice, ki nastane s stalitvijo ledenega kristalčka, snežinke, sodre

eléktrometeór -ja m električni pojav v atmosferi, npr. strela, Elijev ogenj

elemènt klíme -ênta -- m osnovna količina, ki predstavlja del dolgoročnega stanja v atmosferi nad kakim območjem, npr. padavine, oblačnost

elemènt zráka -ênta -- m (namišljena) manjša količina zraka; sin. del zraka, delec zraka
masni e. z. element zraka, ki ima enoto mase, npr. 1kg
volumski e. z. element zraka, ki zavzema enoto volumna, npr. 1m^3

Elíjev ôgenj -ega ôgnja m majhni

plamenčki, vidni na zemeljski površini ali na predmetih, ki so posledica delnih razelektritev

emagrám -a m **1.** papir s črtami termodinamičnih spremenljivk za določanje stanja vlažnega zraka **2.** diagram vrednosti teh spremenljivk

emisíja -e ž **1.** vstopanje primesi v ozračje; prim. onesnaževanje zraka **2.** količina vstopajoče primesi na časovno enoto, ki je primarni vir onesnaženja zraka

emisívnost -i ž kvocient med tokom sevanja iz obravnavanega telesa in tokom sevanja iz črnega telesa enake temperature

enáčba -e ž matematični izraz, ki povezuje različne količine

barometrična e., ki povezuje višino, zračni tlak in temperaturo zraka

Bernoulijeva e. [bernulijeva], ki povezuje kinetično energijo, potencialno energijo in entalpijo tekočine pri poenostavljenih pogojih

Cláusius-Clápeyronova e. [klauzius-klapejronova], ki povezuje nasičen parni tlak s temperaturo

časovna e., ki podaja časovno razliko med pravim in srednjim sončnim časom

diagnostična e., ki omogoča ugotavljati stanja atmosfere

difuzijska e., ki povezuje časovne in prostorske spremembe določene količine zaradi difuzije

divergentna e., ki podaja časovno spremembo vodoravne divergen-

ce hitrosti zaradi vpliva zunanjih sil

e. adiabate enačba, ki povezuje termodinamične spremenljivke ob predpostavki, da je sistem toplotno izoliran

e. advekcije enačba, ki podaja lokalne spremembe kake količine samo zaradi advekcije

e. energijske bilance enačba, ki zajema vsoto vseh energijskih tokov sistema

e. gibanja enačba, ki podaja pospešek gibanja kot rezultat vpliva sil

e. s končnimi razlikami enačba, v kateri so odvodi nadomeščeni s končnimi razlikami, zato ni natančna

e. stanja enačba za plin, ki povezuje temperaturo, gostoto in tlak

energijska e., ki kaže zvezo med določenimi spremembami energij in energijskimi tokovi

filtrirana e., pri kateri je del količin že izločen

hidrostatična e., ki povezuje tlak, višino in gostoto pri posebnih pogojih

kontinuitetna e., ki povezuje lokalne spremembe kake količine glede na njene dotoke in odtoke

primitivna e. neustr., gl. prvotna enačba

prognostična e., ki vsebuje časovne spremembe, pomembne za pripravo napovedi

prvotna e., ki je izhodiščna in zajema vse znane vplive

vrtinčna e., ki podaja časovno spremembo absolutne vrtinčnosti

enakonóčje -a s dan v letu, ko sta dan in noč enako dolga; sin. ekvinokcij

energíja -e ž količina, ki določa zmožnost telesa ali sistema, da opravlja delo

disipacija e. prehajanje kinetične energije toka zaradi viskoznih napetosti v toploto; sin. trošenje energije

e. nestabilnosti energija, ki je posledica razporeditve temperature in vlage zraka, npr. energija statične nestabilnosti, energija barokline nestabilnosti

e. sevanja energija, ki je posledica elektromagnetnega valovanja; sin. sevalna energija

e. turbulence kinetična energija neurejenega gibanja v toku

e. vetra energija, ki je odvisna od hitrosti vetra; sin. eolska energija

eolska e. gl. energija vetra

kinetična e., ki je posledica gibanja teles ali gibanj raznih mas v sistemu in je sorazmerna kvadratu hitrosti

notranja e., ki je za idealne pline odvisna samo od temperature

potencialna e., ki je posledica lege v potencialnem polju, npr. v gravitacijskem polju

razpoložljiva potencialna e. tisti del celotne potencialne energije, ki se lahko pri adiabatnem procesu spremeni v kinetično energijo

sevalna e. gl. energija sevanja

skupna e., ki je vsota vseh vrst energij v kakem sistemu

sončna e., ki prihaja od Sonca

trošenje e. gl. disipacija energije

enstrofíja -e ž količina, ki je določena s kvadratom vrtinčnosti

entalpíja -e ž termodinamična količina, ki je enaka vsoti notranje energije in produkta prostornine in tlaka; sin. zaznavna toplota

entropíja -e ž termodinamična količina, katere sprememba je pri obrnljivem procesu enaka razmerju med dovedeno toploto in absolutno temperaturo

etézija -e ž, raba v mn. relativno hladni vetrovi v vzhodnem Sredozemlju v toplem delu leta

evporácija -e ž 1. proces prehajanja kapljevine, navadno vode, v plin pri temperaturi, ki je nižja od vrelišča; sin. izhlapevanje 1
2. količina izhlapele vode v določenem času, npr. na dan, na leto; sin. izhlapevanje 2

potencialna e., ki je možna z obsežne površine čiste vode

relativna e. razmerje med dejansko evaporacijo z zemeljske površine in potencialno evaporacijo

evaporiméter -tra m naprava za merjenje izhlapevanja

evapotranspirácija -e ž prehajanje vode v obliki vodne pare z zemeljske površine in skozi listne reže rastlin v ozračje; prim. transpiracija

potencialna e. največja možna evapotranspiracija, ko je na razpolago neomejena količina vode

F

faksímile -a m 1. naprava za daljinski prenos besedila ali slik 2. tako preneseno besedilo ali slika

fáta morgána -e -e ž optični pojav v ozračju, pri katerem so oblike in lege objektov navidez spremenjene zaradi nenormalne razporeditve gostote zraka; prim. zračno zrcaljenje, gl. zračen

fén -a m suh in topel veter, ki piha na odvetrni strani gorskih pregrad in je posledica spuščanja zraka ob gorovju

alpski f., ki je posledica Alp in se v Sloveniji pojavi ob severozahodnih vetrovih

dinarskogorski f., ki nastane ob Dinarskem gorstvu ob južnih vetrovih

južni f., ki je posledica južnih vetrov na severni strani gorske pregrade

karavanški f., ki nastane ob Karavankah na Gorenjskem pri močnem severu ali severovzhodniku

severni f., ki je posledica severnih vetrov na južni strani gorske pregrade

višinski f., pri katerem prehaja gorsko pregrado le zrak z višin, nižinski zrak pa je v privetrju zajezen

fenizácija -e ž proces, pri katerem se zrak na poti čez gorsko pregrado segreje in osuši

fenologíja -e ž veda o razvojnih fazah rastlin v odvisnosti od vremena in klime

fibrátus -a m (krat. fib) oblak v obliki vlaken; sin. vlaknati oblak

fírn -a m vsaj leto dni star ledeniški srenec

fítoklíma -e ž popis mikrometeoroloških razmer v rastlinski odeji

fítoklimatologíja -e ž veda o mikroklimatskih razmerah v rastlinski odeji na površini rastlin in v nekaterih primerih v zraku med rastlinami

flóccus -a [flokus] m (krat. flo) oblak v obliki kosmov

flúks -a m gl. pretok

fótokémična reákcija -e -e ž proces, pri katerem poteka kemična reakcija pod vplivom sončnega sevanja

fótometeór -ja m vidni pojav v ozračju, ki nastane zaradi loma, uklona in razklona sončnih žarkov na kapljicah oziroma kristalih vode v atmosferi, npr. mavrica, halo

fótosintéza -e ž proces, pri katerem pod vplivom sončnega sevanja iz vode in ogljikovega dioksida nastaja organska snov

fráctus -a [fraktus] m (krat. fra) oblak, raztrgan v obliki krp

frekvénca -e ž 1. število ponovitev dogodkov ali pojavov v časovni enoti ali število dogodkov ali pojavov v določenem velikostnem razredu, npr. frekvenca neviht; sin. pogostnost

2. število nihajev v časovni enoti

Brunt-Väisälova f. [brant-vajsalova] frekvenca navpičnih nihanj zraka v stabilni atmosferi

krožna f. število nihajev v 2 π sekundah

frigoriméter -tra m naprava za merjenje jakosti ohlajevanja

frónta -e tudi **atmosfêrska frónta** -e -e ž meja med različnima zračnima masama in dogajanje ob njej

arktična f., ki je med arktičnimi in polarnimi zračnimi masami

fenizirana f., ki je oslabljena zaradi fenizacije

hladna f., ki se pomika tako, da toplo zračno maso zamenja hladna, ki se vriva pod toplo

maskirana f., pri kateri so nekatera dogajanja šibko izražena

okludirana f., ki nastane ob združitvi front, ko hladna fronta dohiti toplo

orografska f., ki nastane ali se preobrazi ob večji gorski pregradi

polarna f., ki je med polarnimi in tropskimi zračnimi masami na zemeljski polobli

retrogradna f., ki se pomika vzvratno

sekundarna hladna f. hladna fronta, ki je med še hladnejšim in hladnim zrakom v hladni zračni masi za prvotno hladno fronto

stacionarna f., ki se le neznatno premika ali se ne premika

topla f., ki se pomika tako, da hladno zračno maso zamenja topla, ki se nariva na hladno

tropska f. bolje: intertropska konvergentna cona, gl. cona

višinska f., ki je opazna samo v višinah in ne dosega tal

fróntogenéza -e ž nastajanje fronte ali frontalne cone s povečevanjem gradientov lastnosti zračnih mas

frontolíza -e ž slabljenje fronte ali frontalne cone z zmanjševanjem gradientov lastnosti zračnih mas

fúnkcija -e ž količina, katere vrednost je odvisna od drugih količin

empirična f., dobljena na osnovi merjenj

frontogenetična f. mera za povečanje gradienta konzervativne količine zračne mase

spektralna f. porazdelitev pogostnosti¹ kake količine v odvisnosti od frekvence, valovne dolžine ali periode

tokovna f. parameter dvodimenzionalnega brezdivergentnega toka, katerega vrednost je vzdolž tokovnic stalna

univerzalna f., ki povezuje normirane brezdimenzijske količine

G

génitus -a m (krat. gen) izvor oblaka z delno pretvorbo drugega oblaka ali dela oblaka; prim. prvotni oblak, gl. oblak

géodinámični méter -ega -tra m zastar. mera za izražanje geopotenciala (1 gdm = 10 m^2/s^2)

géopotenciál -a m potencialna energija enote mase v kaki točki glede na morski nivo

gradient g. gradient, ki velja za geopotencial

géopotenciálni méter -ega -tra m mera za izražanje geopotenciala (1 gpm = 9,80 J/kg)

gibálna količína -e -e ž produkt mase snovi in njene hitrosti

gíbanje -a s spreminjanje lege v prostoru; prim. kroženje, translacija

adiabatno g., ki je brez izmenjave toplote z okolico; sin. izentropsko gibanje

celično g. gl. cirkulacija 1

celično vertikalno g. v sebi zaključeno gibanje v vertikalni ravnini

dvodimenzionalno g., ki poteka po ploskvi

enakomerno g., pri katerem se vektor hitrosti ne spreminja s časom

g. po ploskvi pritiska gibanje po ploskvi enakega zračnega pritiska; sin. izobarno gibanje

horizontalno g., ki poteka po vodoravni ploskvi

inercijsko g., ki poteka samo zaradi vztrajnosti

izentropsko g. gl. adiabatno gibanje

izobarno g. bolje: gibanje po ploskvi pritiska

laminarno g. gibanje tekočine, pri katerem se tokovnice ne spajajo in so obenem tudi potnice

meridionalno g. gl. poldnevniško gibanje

navidezno g. glede na relativni koordinatni sistem

poldnevniško g., ki poteka vzdolž poldnevnikov; sin. meridionalno gibanje

pospešeno g., pri katerem se vektor hitrosti veča

turbulentno g., pri katerem so trenutne hitrosti v toku neurejene in slučajne

vertikalno g., ki poteka v navpični smeri navzgor ali navzdol

vzporedniško g., ki poteka vzdolž vzporednikov; sin. zonalno gibanje

zonalno g. gl. vzporedniško gibanje

glaciologíja -e ž veda o snegu, ledu in zlasti ledenikih na zemeljski površini

glôrija -e ž raznobarvni krog okrog sence opazovalca na zgornji meji oblakov ali megle, ki nastane zaradi uklona sončne svetlobe

górnik -a m sin. gorski veter, gl. veter

gôrska pregráda -e -e *i* grebeni gora, ki so ovira zračnemu toku

gostôta -e *i* posebej določeno razmerje med dvema količinama

g. energijskega toka mera za pretok energije skozi enoto ploskve v enoti časa

g. izsevanega toka gostota energijskega toka, izsevanega iz kake površine

g. masnega toka mera za pretok mase skozi enoto ploskve

g. moči spektra Fourierova transformiranka avtokorelacijske funkcije

g. podatkov 1. v statistiki: število podatkov v posameznem intervalu 2. na geografski karti: število podatkov na ploskovno enoto

g. snega masa snega na enoto volumna

g. vode masa vode na enoto volumna

g. vodne pare masa vodne pare na enoto volumna

g. zraka masa zraka na enoto volumna

številska g. število elementov na enoto volumna

gradiènt -ênta m vektor v skalarnem polju določene količine, ki kaže v smer njenega največjega naraščanja, pri čemer je velikost vektorja enaka odvodu te količine po dolžini v isti smeri; sin. ascendent

adiabatni g. vertikalni gradient temperature, ki je enak 9,8 K/km

barični g. bolje: gradient tlaka

g. geopotenciala gradient, ki velja za geopotencial

g. pritiska gl. gradient tlaka

g. temperature gradient, ki velja za temperaturo; sin. temperaturni gradient

g. tlaka gradient, ki velja za (zračni) tlak; sin. gradient pritiska

horizontalni g., ki je v vodoravni ravnini

superadiabatni g. vertikalni temperaturni gradient, ki je večji kot adiabatni gradient

temperaturni g. gl. gradient temperature

vertikalni g., ki je v navpični smeri

gradiêntno ravnílo -ega -a s ravnilo, s katerim se iz polja zračnega pritiska ali polja izohips ploskve pritiska določa hitrost geostrofskega ali gradientnega vetra

gráfična operácija -e -e *i* metoda dela z analogno interpolacijo ali ekstrapolacijo, s seštevanjem ali odštevanjem polj kakih količin

gravitacíjska vôda -e -e *i* del vode v tleh, ki se, preden odteče v podtalnico, le krajši čas zadržuje v zgornji plasti tal

grebén -a m v kako smer raztegnjeno območje relativno višjih vrednosti kake količine, npr. izboklina v polju zračnega pritiska

gorski g., ki velja za zemeljsko površino

g. izobarne ploskve greben, ki velja za višino ploskve pritiska

g. toplega zraka greben, ki velja za polje temperature zraka

gríva -e *i*, raba v mn.: grive; sin. zlomljeni valovi, gl. val

grmênje -a s bobnenje ob nevihti

kot posledica hitrega razpenja-
nja zraka ob streli
grméti, zlasti v 3. os. ed. sedanjika: grmí,

bobneti zaradi strele
gròm grôma m slišni pojav ob stre-
li; prim. grmenje

H

hálo -a m optični pojav, pri kate-
rem so barvasti ali beli krogi
ali loki okoli Sonca ali Lune
posledica loma in odboja sonč-
nih žarkov na ledenih kristalih
cirrusov
mali h. svetel obroč s polmerom
22° okoli Sonca ali Lune
veliki h. svetel obroč s polmerom
46°, ki je manj svetel kot mali
halo
héktopascál -a [hektopaskal] m (krat.
hPa) enota za merjenje zračne-
ga tlaka (1hPa = 100 N/m²); prim.
milibar
heliográf -a m naprava za merjenje
in zapisovanje trajanja sončnega
obsevanja, npr. s stekleno kro-
glo
heliográm -a m 1. trak za zapisova-
nje trajanja sončnega obsevanja
2. zapis trajanja sončnega ob-
sevanja
hemisfêra -e ž polovica (zemeljske)
oble; sin. polobla
hídrodinámika -e ž veda o gibanju
tekočin
hídrografíja -e ž veda o vodi na
zemlji
hídrometeór -ja m produkt konden-
zacije ali depozicije vodne pare,
ki nastane v atmosferi ali na

zemeljski površini, npr. dež,
rosa, živi sneg
hídrometeorolóśki závod -ega -óda
m ustanova, ki se ukvarja z
operativnim delom na področju
meteorologije in hidrologije
hídrosfêra -e ž vodni, tekoči del
zemeljske oble
hídrostátika -e ž veda o mirujočih
tekočinah in mirujočih telesih v
njih
higrográf -a m naprava za merjenje
in zapisovanje časovnega poteka
vlažnosti zraka, npr. relativne
vlažnosti
higrográm -a m 1. trak za zapiso-
vanje časovnega poteka vlažno-
sti zraka
2. zapis časovnega poteka vlaž-
nosti zraka
higrométer -tra m naprava za
merjenje navadno relativne
vlažnosti zraka; sin. vlagomer
higroskópna vôda -e -e ž gl. voda
hipotéza -e ž nedokazana, zgolj
verjetna trditev
h. Kolmogorova hipoteza, da so
veliki neizotropni vrtinci edini
vir energije, ki se prenaša v
manjše vrtince
h. Monina in Obuhova hipoteza,
da so si profili hitrosti, potenci-

alne temperature in parnega
tlaka v prizemni plasti zraka
podobni, če so izraženi v pri-
merni skali

hipsométer -tra m naprava za
merjenje zračnega tlaka na
osnovi spreminjanja temperatu-
re vrelišča tekočine s tlakom

hitróst -i ž v časovni enoti oprav-
ljena pot v prostoru

fazna h., s katero se premikajo
vrhovi valov oziroma faza valo-
vanja

grupna h., s katero potuje energi-
ja valovanja

h. vetra hitrost, s katero se giblje
zrak

horizontalna h., ki velja za pre-
mike v vodoravni smeri

izstopna h. hitrost izstopanja
plinov iz vira v atmosfero

končna h., ki jo ima (navadno
padajoči) delec, ko doseže ena-
komerno gibanje

povprečna h., ki je povprečna
glede na čas, prostor ali niz

skalarna h. absolutna velikost
vektorja hitrosti

torna h. parameter turbulence, ki
je kvadratni koren količnika
strižne napetosti z gostoto

trenutna h., ki je v izbranem
trenutku

vertikalna h. komponenta hitrosti,
s katero se giblje kaka količina
v navpični smeri

zvočna h., s katero se širi zvok

hòd hóda m časovni potek vredno-
sti kakega elementa v izbrani
točki

dnevni h., ki velja za 24 ur

letni h., ki velja za obdobje enega
leta

hodográm -a m grafična predstavi-
tev navpične razporeditve vodo-
ravne komponente vetra

homogénost -i ž istovrstnost ali
enovitost sistema

časovna h., ki velja glede na čas

h. podatkov homogenost, ki velja
za neprekinjen niz in nespreme-
njene pogoje opazovanj

h. snovi homogenost, ki velja za
masne elemente v snovi

prostorska h., ki velja glede na
prostor

horizónt -a m črta, kjer se navidez-
no stikata zemeljska površina
in nebo; sin. obzorje

astronomski h., ki je presečišče
vodoravne ravnine skozi opazo-
valčevo oko in nebesno sfero

lokalni h. dejansko opazovana
črta obzorja, pri katerem je
upoštevan relief

radarski h. radarsko opažena črta
obzorja, pri kateri je upoštevan
relief in ukrivljenost radarskih
žarkov

hrápavost -i ž lastnost površine, s
katero vpliva na tok tekočine
ob površini in je odvisna tudi
od hitrosti toka

parameter h. parameter, ki določa
vpliv različno hrapavih tal na
zračni tok nad tlemi

húmilis -a m (krat. hum) majhen,
nizko razvit cumulus

hurricane -a [háriken] m globok
tropski ciklon z orkanskim
viharjem (tako poimenovan v
Ameriki); sin. orkan 2, tajfun

I

imisíja -e ž neustr. lokalna onesnaženost zraka, gl. onesnaženost zraka

íncus -a [inkus] m (krat. inc) v cirrus razširjen vrh cumulonimbusa v obliki nakovala; sin. nakovalo

índeks -a m **1.** manjša, navadno ob znaku nižje zapisana številka ali črka za razlikovanje istovrstnih znakov **2.** mera za velikost kake količine ali pojava

i. onesnaženosti indeks, ki velja za skupen vpliv več primesi

i. stabilnosti indeks, ki velja za statično stabilnost zračne plasti

klimatski i., ki velja za prikaz kake klimatske značilnosti, npr. kontinentalni indeks

Showalterjev i. [šovalterjev] mera lokalne stabilnosti atmosfere na osnovi radiosondnih podatkov za prognozo neviht in toče

zonalni i., ki velja za splošni zahodni tok v ozračju

indijánsko polétje -ega -a s neustr., gl. babje poletje

infiltrácija -e ž gl. prepustnost 1

infiltracíjska kapacitéta -e -e ž maksimalna hitrost, s katero lahko tla absorbirajo vodo

insolácija -e ž sin. sončno obsevanje, gl. obsevanje

instrumènt -ênta m naprava za merjenje kake količine; prim. merilnik

analogni i., ki kaže rezultate po skali zvezno

digitalni i., ki kaže rezultate v številski obliki

električni i., ki deluje na osnovi spreminjanja električnih lastnosti, npr. uporovni termometer

elektronski i., ki uporablja elektronska vezja, npr. avtomatska meteorološka postaja

klasični i., ki kaže rezultate neposredno, navadno v analogni obliki

kontrolni i., ki se uporablja za umerjanje instrumentov vsakdanje rabe

meteorološki i., ki se uporablja za merjenje meteorološke količine

registrirni i., ki samodejno zapisuje rezultate

standardni i. **1.** instrument, ki meri po dogovorjenih normativih **2.** instrument, ki služi kot osnovni instrument za umerjanje kontrolnih instrumentov

intenzívnost -i ž **1.** jakost kakega pojava ali procesa **2.** stopnja izrazitosti pojava po meteorološkem ključu

intercépcija -e ž količina padavin, ki jo prestreže vegetacija in ne doseže zemeljske površine

interpolácija -e ž določanje vmesnih vrednosti v prostoru ali času

optimalna i., ki poteka v prostoru po posebni statistični metodi

intórtus -a m (krat. in) prepleten, zavit oblak iz rodu cirrus

invêrzija -e ž pojav, da je razporeditev kakega meteorološkega elementa (navadno temperature) z višino obratna od običajne

dvignjena i. temperaturna inverzija, ki nastane pri premešanju talne inverzije

frontalna i. temperaturna inverzija v frontalni coni

i. tropopavze inverzija, ki se nanaša na temperaturo nad tropopavzo

padavinska i., ki se nanaša na razporeditev količine padavin v gorah z nadmorsko višino

subsidenčna i. temperaturna inverzija, ki je posledica spuščanja zraka v anticiklonu

talna i. temperaturna inverzija, ki sega od tal navzgor

temperaturna i., pri kateri temperatura zraka z višino raste

turbulentna i. temperaturna inverzija, ki nastane na meji premešane zračne plasti

višinska i. plast s temperaturno inverzijo v prosti atmosferi

ión -a m električno nabit elementarni ali mikroskopsko majhen delec

mali i. ionizirana molekula

veliki i. nabit delec aerosola

ionizácija zráka -e -- i proces, pri katerem postanejo nevtralne atmosferske molekule ali delci aerosola električno nabiti zaradi trkov z delci velike energije, močnih električnih polj, žarkov gama

ionosféra -e i plast ozračja nad višino 70 km z veliko gostoto ionov

irizácija -e i pojavljanje barvnih pasov na oblakih

ívje -a s ledeni kristali na vejah, listih in predmetih, ki so nastali s primrzovanjem podhlajenih vodnih kapljic megle

ledeno i. kompaktna plast ledu s hrapavo površino, podobno žledu

mehko i. iz tankih iglic ali ploščic

trdo i. zrnatega videza, prekrito s kristalastimi vejicami

ívjenje -a s primrzovanje drobnih vodnih kapljic na sorazmerno večje predmete

izalobára -e i črta, ki povezuje točke z enako časovno spremembo zračnega pritiska

izanomála -e i črta, ki povezuje točke z enako anomalijo kakega elementa

izentrópa -e i gl. adiabata

izhlapévanje -a s **1.** proces prehajanja kapljevine, navadno vode, v plin pri temperaturi, ki je nižja od vrelišča; sin. evaporacija 1

toplota i. toplota, ki je potrebna kapljevini, da izhlapi

2. količina izhlapele vode v določenem času, npr. na dan, na leto; sin. evaporacija 2

dejansko i. gl. efektivno izhlapevanje

efektivno i. izhlapela količina vode z vodne površine ali tal v določenem časovnem obdobju; sin. dejansko izhlapevanje

izlóčanje aerosóla -a -- s pojav, da aerosol izginja iz ozračja, npr. z izpiranjem

izmenjáva -e i proces, pri katerem se v prostoru prenašajo lastnosti snovi ali snov sama

difuzijska i., ki poteka z molekularno ali turbulentno difuzijo

masna i., ki se nanaša na maso

molekulska *i.*, ki jo povzroča gibanje molekul

toplotna *i.*, ki se nanaša na toploto

turbulentna *i.*, ki jo povzroča turbulentno gibanje snovi

izo... prvi del zloženk: enak, npr. izotermija, izotermna ploskev, izobara; prim. ekvi...

izobára -e *i* črta, ki povezuje točke z enakim zračnim pritiskom

izobrónta -e *i* **1.** črta, ki povezuje točke z enako pogostnostjo pojavljanja neviht
2. črta, ki povezuje točke, v katerih je nevihtna aktivnost v določeni fazi

izogóna -e *i* črta, ki povezuje točke z enako smerjo kake vektorske količine

izohiéta -e *i* črta, ki povezuje točke z enako količino padavin v določenem obdobju

izohípsa -e *i* črta, ki povezuje točke z enako nadmorsko višino

izohróna -e *i* črta, ki povezuje točke z enakim časom kakega pojava ali časom nastopa določene vrednosti izbrane količine

izonéfa -e *i* črta, ki povezuje točke z enako oblačnostjo

izopléta -e *i* črta, ki povezuje točke z enako vrednostjo kake količine glede na čas in prostor

izotáha -e *i* črta, ki povezuje točke z enako hitrostjo vetra

izotêrma -e *i* črta, ki povezuje točke z enako temperaturo

izotermíja -e *i* stanje sistema, pri katerem je temperatura povsod enaka

izotropíja -e *i* stanje sistema, pri katerem je določena količina v vseh smereh enako razporejena

izpàd -áda m **1.** odložitev primesi na tla; sin. depozicija 2
2. kemična pretvorba te primesi v druge snovi

mokri *i.*, ki nastane zaradi padavin ali s padavinami

skupni *i.*, ki je vsota mokrega in suhega izpada

suhi *i.*, ki nastane zaradi usedanja primesi na tla

izparévanje -a s prehajanje kapljevine v plin pri vrelišču

izpíranje -a s odstranjevanje aerosola iz ozračja s padavinami ob njihovem nastanku ali padanju

izsévanje -a s oddajanje energije z elektromagnetnim valovanjem ali z delci; sin. sevanje 1, radiacija

J

jákost -i *i* **1.** stopnja izrazitosti kakega procesa ali pojava, ki se označuje kot pripis k simbolu za pojav: šibek z 0, zmeren z 1, močen z 2, npr. zmerno sneži: ⋇^1
j. obsevanja gostota energijskega

toka sevanja, ki pade na kako
ploskev

j. ohlajevanja znižanje temperature v časovni enoti

j. padavin količina padavin v časovni enoti

j. vetra moč vetra, ki se izraža v Beaufortovi skali
2. indeks izrazitosti

j. pojava stopnja aktivnosti pojava

jásno prisl. stanje neba brez oblakov oziroma do 2/8 skupne oblačnosti, a le do 1/8 nizke oblačnosti

pretežno j. stanje neba do 4/8 skupne oblačnosti, a le do 2/8 nizke oblačnosti

jêdro -a s mikroskopsko majhen delec, ki je lahko zametek nastanka kakega padavinskega elementa

aktivno j. aerosol, ki je pod določenimi pogoji aktiven kot jedro kondenzacije, depozicije ali zmrzovanja

higroskopsko j., ki pospešuje kondenzacijo

j. zmrzovanja jedro, na katerem se začne depozicija vodne pare v ozračju

kondenzacijsko j., na katerem se začne kondenzacija

jesén -i ž del leta med poletjem in zimo

astronomska j., ki se na severni polobli začne ob jesenskem enakonočju in se konča ob zimskem solsticiju

meteorološka j., ki traja v zmernih širinah severne poloble od 1. septembra do 1. decembra

jet stream -- -a [džêt strím] m gl. vetrovni stržen

jézero hládnega zráka -a -- -- s pretežno mirujoča masa hladnega zraka, ki polni kotline

megleno j. h. z. jezero hladnega zraka, ki je izpolnjeno z meglo

júg -a m **1.** stran neba proti južnemu polu
2. veter, ki piha iz te smeri

júgo -a m relativno topel in vlažen veter na Jadranu z jugovzhodne ali južne smeri; sin. široko

jugovzhódnik -a m veter, ki piha z jugovzhoda

jugozahódnik -a m veter, ki piha z jugozahoda

K

kadéča se gôra -e se -e ž oblak v zavetrnem vrtincu ob gorskem vrhu

kálma in cálma -e [kalma] ž gl. brezvetrje

kanál -a m izbrano spektralno območje radiometrskih meritev

kanalíziranje -a s usmerjanje vetra po reliefu tal, med stavbami

kápa -e ž kar pokriva določeno površino

oblačna **k.** oblak, ki zajame vrh hriba

polarna **k.** 1. led, ki pokriva polarno območje 2. hladen zrak nad polarnim območjem

kapilárna vôda -e -e *ž* del vode, ki je v tleh zaradi kapilarnosti nad nivojem talne vode

káplja -e *ž* približno kroglast del kapljevine s premerom nad 0,2 mm

dežna **k.** padajoča kaplja s premerom nad 0,5 mm, ki je padavina

k. *hladnega zraka* neustr., gl. višinsko jedro hladnega zraka

k. *pršenja* padajoča kaplja s premerom pod 0,5 mm, ki je padavina; sin. kaplja rosenja

k. *rose* na površinah kondenzirana voda v obliki kaplje

k. *rosenja* bolje: kaplja pršenja

padajoča **k.**, ki zaradi svoje velikosti (premer nad 0,2 mm) že dokaj hitro pada

vodna **k.**, katere snovna sestavina je voda

kapljevína -e *ž* voda ali kaka druga snov v agregatnem stanju, v katerem ima obliko posode in gladino ali nastajajo kaplje in kapljice

kápljica -e *ž* v zraku lebdeča kroglica kapljevine s premerom pod 0,2 mm

k. *aerosola* kapljica, ki ima topno ali netopno primes

meglena **k.**, ki je sestavina megle

oblačna **k.**, ki je sestavina oblaka

podhlajena **k.**, pri kateri je temperatura pod 0 °C (največ do okrog -40 °C)

vodna **k.**, katere snovna sestavina je voda

kárta -e *ž* grafični prikaz količin ali polj, ki so v atmosferi na približno vodoravnih ploskvah

diagnostična **k.**, ki kaže analizirano ali dejansko stanje atmosfere

hemisferska **k.**, ki velja za poloblo in je navadno v polarni projekciji

klimatska **k.**, ki kaže vrednosti elementov klime oziroma njihovo razporeditev

meteorološka **k.**, ki kaže razporeditev meteoroloških količin, polj, pojavov, npr. padavinska karta, temperaturna karta, nevihtna karta

prizemna **k.**, ki kaže vremensko stanje na osnovi opazovanj pri tleh

prognostična **k.**, ki kaže napovedano stanje ozračja

sinoptična **k.** gl. vremenska karta

višinska **k.**, ki kaže polja meteoroloških količin na eni od standardnih ploskev tlaka

vremenska **k.**, ki kaže stanje vremena ob določenem času; sin. sinoptična karta

kisík -a *m* (simbol O_2) plin, po količini druga sestavina ozračja

klasifikácija -e *ž* sistematična razvrstitev elementov v razrede ali tipe

bioklimatska **k.** razvrstitev klime po bioklimatskih značilnostih

k. *klime* razvrstitev klime po klimatskih značilnostih, npr. Köppenova klasifikacija, Thornthwaitova klasifikacija

k. *oblakov* razvrščanje oblakov v skupine po značilnostih (rodovi, vrste, podvrste, spremljajoči oblaki oziroma dopolnilne oblike oblakov, izvor oziroma pretvorba oblakov), po višini, na kateri se nahajajo (nizki, srednji, visoki in oblaki vertikalnega razvoja) ali kako drugače (posebni oblaki, orografski oblaki, oblaki, vidni iz letal itd.); prim. prilogo o klasifikaciji oblakov

k. *pojava* razvrstitev pojava po nastanku, vrsti, jakosti, npr. klasifikacija megle

k. *vremena* razvrstitev vremena v vremenske tipe

klíma -e ž značilnosti vremena nad kakim območjem v daljšem obdobju (praviloma 30 let); sin. podnebje

aridna k. gl. sušna klima

blažilna k., ki na organizem deluje sproščajoče

borealna k. gl. polarna klima

dražilna k., ki vzpodbuja delovanje organizma

etezijska k. s toplimi in suhimi poletji v evropskem delu Sredozemlja

gorska k. razmeroma hladna, bolj vetrovna in z več padavinami kot v nižinah

humidna k. gl. vlažna klima

klasifikacija k. gl. klasifikacija

k. *naselij* klima, ki je posledica pozidave in urbanizacije področja

k. *prostorov* klima zaprtih prostorov, in sicer naravnih, npr. jame, ali umetnih, npr. sobe, skladišča, avtomobila; sin. kriptoklima

k. *višjih plasti atmosfere* klima proste atmosfere

kontinentalna k. z velikimi tem-

peraturnimi nihanji in nizko vlago

kotlinska k. s prevladujočo visoko relativno vlago ter majhno prevetrenostjo, pozimi in jeseni z nizkimi temperaturami in pogosto meglo

lokalna k., ki je značilna za kak kraj ali manjše območje; sin. topoklima

maritimna k. precej vlažna, z majhnimi temperaturnimi nihanji; sin. oceanska klima

mila k. sorazmerno topla, z majhnimi temperaturnimi nihanji in redkimi neugodnimi vremenskimi pojavi; ant. ostra klima

monsunska k. značilna za območje z izrazitimi monsunskimi vetrovi

obalna k. navadno mila, sorazmerno vlažna, z vplivom kopnega in morja

obtežilna k., ki obremenjuje organizem in škoduje zdravju

oceanska k. gl. maritimna klima

ostra k. sorazmerno hladna, z velikimi temperaturnimi nihanji in pogostimi neugodnimi vremenskimi pojavi; ant. mila klima

polarna k. z zelo nizkimi temperaturami in malo padavinami; sin. borealna klima

puščavska k. izrazito kontinentalna in sušna klima

subtropska k. z visokimi temperaturami, nizko relativno vlago in malo padavinami

sušna k. z zelo malo padavinami; sin. aridna klima

tropska k. z visokimi temperaturami, visoko vlago in mnogo padavinami *visokogorska k.* z nizkimi temperaturami, precej padavinami in pogosto močnimi vetrovi

vlažna k. z letno količino padavin, večjo kot je možno letno izhlapevanje; sin. humidna klima

zdravilna k. z ugodnim vplivom na počutje in zdravljenje bolnika

klímatografíja -e ž kvantitativni opis klimatskih razmer kakega območja

klimatológ -a m strokovnjak za klimatologijo

klimatologíja -e ž veda o klimi

deskriptivna k., ki kvalitativno proučuje klimatske razmere

dinamična k., ki proučuje vzroke klimatskih razmer

uporabna k., ki pripravlja klimatske študije za potrebe urbanizma, gospodarstva, turizma

klimátski -a -o ki se nanaša na klimo; sin. podneben

klimatska cona cona z nekaterimi skupnimi klimatskimi značilnostmi

k. karta karta, ki kaže vrednosti elementov klime oziroma njihovo razporeditev

k. meja ločnica raznih klimatskih tipov

k. terapija 1. zdravljenje na območju z zdravilno klimo 2. postopek zdravljenja z doziranim učinkom vremenskih dražljajev

k. značilnost elementi klime v prostorski in časovni razporeditvi

klimatski diagram prikaz klimatskih karakteristik kakega kraja ali območja

k. ekstrem ekstrem, ki velja za kako klimatsko obdobje ali območje

k. faktor faktor, ki sodoloča klimo kakega kraja ali območja, npr. geografska širina, nadmorska višina, lega

k. indeks indeks, ki velja za prikaz kake klimatske značilnosti, npr. kontinentalni indeks

k. model model, ki sloni na klimatskih vrednostih spremenljivk in povezuje klimatske dejavnike

k. pas pas s približno enako klimo

k. podatek podatek, ki je del informacije o klimi

k. tip tip, ki opredeli klimo v odvisnosti od dejavnikov, ki to klimo pogojujejo

klimatsko zdravilišče kraj, kjer okolje omogoča klimatsko terapijo

koagulácija -e ž sprijemanje aerosola v večje delce ali kapljice

koalescénca -e ž zlivanje kapljic v večje kapljice ali kaplje

koeficiènt -ênta m sorazmernostni faktor med količinama

absorpcijski k. neustr., gl. absorptivnost

difuzijski k. neustr., gl. difuzivnost

k. izmenjave kvocient med turbulentnim pretokom in gradientom kake količine (turbulentna difuzivnost, pomnožena z gostoto zraka)

k. odtoka delež odtoka

k. posode razmerje med izhlapelo vodo z velikega vodnega telesa in izhlapelo vodo, izmerjeno z evaporimetrom

k. pretoka sorazmernostni faktor med pretokom in razliko oziroma gradientom količine, ki ta pretok določa

k. sipanja razmerje med razpršeno in vpadlo svetlobo

k. viskoznosti sorazmernostni faktor med strižno napetostjo in strižno hitrostjo; bolje: viskoznost 2

k. zaviranja (ang. drag coefficient) koeficient med kvadratoma torne in povprečne hitrosti turbulentnega toka

k. zunanjega trenja koeficient pri poenostavitvi, da je trenje premo sorazmerno s hitrostjo vetra

korelacijski k., ki kaže statistično povezanost med količinama

motnostni k. neustr., gl. motnost

refleksivni k. neustr., gl. odbojnost

transmisivni k. neustr., gl. prepustnost 2

kolébanje -a s približno periodično odmikanje od povprečja, npr. kolebanje tlaka, temperature, števila dni s kakim pojavom

k. klime ponavljanje približno enakih klimatskih razmer s periodami znatno nad 30 let

neperiodično k., pri katerem nastopajo spremembe v neenakih presledkih

periodično k., pri katerem nastopajo spremembe v enakih presledkih

večletno k. ponavljanje vremenskih značilnosti s periodo od nekaj let do okrog 30 let

koledár -ja m časovna skala, določena z datumi

fenološki k., ki označuje povprečen datum vznika, brstenja, cvetenja, zorenja itd. v kakem kraju

vremenski k. poljud. ljudska vremenska pravila, ki so vezana na datume oziroma svetnike

količína -e ž spremenljivka, ki ima merljivo vrednost

brezdimenzijska k., ki že v osnovi nima enot ali pa je normirana

k. oblačnosti neustr., gl. oblačnost

k. padavin količina padavinske vode, podana v milimetrih (ali v litrih na kvadratni meter) za določeno časovno obdobje

konzervativna k., ki ohranja svojo vrednost v nekaterih procesih

meteorološka k. katerakoli količina v meteorologiji

normirana k., deljena s povprečno ali kako drugo značilno vrednostjo

skalarna k. 1. količina, ki ima samo velikost; sin. skalar 2. absolutna vrednost vektorja; sin. skalar

specifična k. količina na enoto mase, npr. specifična toplota, specifična vlaga

vektorska k. z dvema ali več komponentami; sin. vektor

koncentrácija -e ž količina ene snovi v drugi, podana kot številsko, masno, volumsko razmerje ali kot gostota primesi

emisijska k., ki nastopa pri izstopu iz vira onesnaženja

lokalna k. koncentracija onesnaženosti na mestu, kjer vpliva na prejemnike

kondenzácija -e ž zgoščevanje vodne pare v vodne kapljice oziroma vodo

toplota k. toplota, ki se sprosti ob prehodu pare v kapljevino

konfluénca -e *ž* dvodimenzionalno zbliževanje tokovnic

koniméter -tra *m* naprava, ki kaže delce v zraku; prim. števec delcev, gl. števec

konsisténca -e *ž* usklajenost

časovna k., ki velja za potek različnih količin v ozračju s časom

k. enačb konsistenca, ki velja za pomembnost posameznih členov v sistemu enačb

prostorska k., ki velja za istočasne vrednosti raznih količin in polj v prostoru oziroma ozračju

konstánta -e *ž* količina, ki je povsem ali približno stalna

individualna plinska k. splošna plinska konstanta, deljena z molekulsko maso plina (za zrak je 287 J/kg K)

Kármánova k. faktor porasta velikosti turbulentnih vrtincev z višino (okrog 0,4)

solarna k. gostota energijskega toka sončnega sevanja pravokotno na žarke na vrhu ozračja pri povprečni oddaljenosti Zemlje od Sonca (je 1370 W/m^2 ± 2 %)

splošna plinska k. plinska konstanta, ki ima v enačbi idealnega plina vrednost 8314 J/K kmol

Stefanova k. [štefanova], ki je 5,67 10^{-8} W/m^2K^4 in nastopa v Stefanovem zakonu

Wienova k. [vinova], ki je enaka produktu valovne dolžine sevanja maksimalne jakosti (pri črnem telesu) in temperature (2,9 10^{-3} K m)

kontinentálnost -i *ž* stopnja izrazitosti kontinentalne klime

kontrólna záčka -e -e *ž* črtica na zapisu registrirnega instrumenta v določenem terminu; sin. markica

konvékcija -e *ž* navpično gibanje in izmenjava zraka, ki lahko povzroči razvoj kopastih oblakov

dušena k., ki je v stabilni atmosferi ovirana ali zgoraj omejena s temperaturno inverzijo

globoka k., ki sega skozi večji del troposfere

plitva k., ki je v razmeroma tanki plasti zraka

poševna k., ki nastaja v dolgih planetarnih valovih in je skoraj vodoravna

prisilna k., ki je posledica dinamične turbulence

prosta k., ki je posledica temperaturnih razlik zraka; sin. termična konvekcija

termična k. gl. prosta konvekcija

konvergénca -e *ž* stekanje tekočine v polju hitrosti; ant. divergenca 2

os k. os, vzdolž katere je konvergenca toka v deformacijskem polju hitrosti

koordináta -e *ž* vrednost, ki določa položaj točke v koordinatnem sistemu

transformacija k. transformacija, ki velja za prehod iz enega v drugi koordinatni sistem

koordinátni sistém -ega -a *m* **1.** sistem, ki omogoča določanje lege v prostoru

Eulerjev k. s. [ojlerjev] koordinatni sistem, ki ima izhodišče v fiksni točki prostora

hibridni k. s. kombiniran koordinatni sistem, npr. v spodnjem delu sigma koordinatni sistem, v zgornjem pa pritiskov koordinatni sistem

Lagrangeov **k. s.** [lagranžev] koordinatni sistem, katerega izhodišče se giblje skupaj s procesom ali pojavom

naravni k. s. koordinatni sistem s koordinatami v smeri tangente, normale in binormale gibanja

pritiskov k. s. koordinatni sistem s pritiskom kot vertikalno koordinato; sin. tlakov koordinatni sistem

sigma k. s. koordinatni sistem, ki ima za vertikalno koordinato normiran skupni zračni tlak in ki sledi reliefu

theta k. s. koordinatni sistem, ki ima za vertikalno koordinato potencialno temperaturo

tlakov k. s. koordinatni sistem s tlakom kot vertikalno koordinato; sin. pritiskov koordinatni sistem

zeta k. s. koordinatni sistem, ki ima za vertikalno koordinato normirano višino, horizontalni koordinati pa sledita reliefu
2. sistem, ki omogoča določanje položaja točke glede na njegovo izhodišče

korák -a m določen presledek ali določena razdalja

časovni k. čas med zaporednima nivojema numerične integracije po času

prostorski k. razdalja med sosednjima točkama prostorske mreže

korékcija -e ž popravek dane vrednosti za določitev pravilne vrednosti

k. instrumenta korekcija glede na odčitano vrednost kake naprave

k. vrednosti korekcija posamezne vrednosti izmerjene ali izračunane količine

koróna -e ž gl. venec

kôsem -sma m del ali skupek česa, npr. megle, snežink

k. megle del (gostejše) megle

snežni k. velik skupek snežink v zraku ob sneženju

kôšava -e ž sunkovit jugovzhodnik v Pomoravju in Podonavju

kriosfêra -e ž ledeni del zemeljske oble

kríptoklíma -e ž sin. klima prostorov, gl. klima

kristál -a m element kristalizirane snovi z ekvivalentnim premerom nad 0,5 mm

kristálček -čka m droben element kristalizirane snovi

ledeni k. kristalizirana voda v obliki npr. ploščice, iglice, stebrička

oblačni k., ki ima ekvivalentni premer pod 0,2 mm in je sestavina oblaka, v katerem pretežno lebdi

padajoči k., ki ima ekvivalentni premer nad 0,2 mm in zaradi svoje velikosti že dokaj hitro pada

solni k., ki je iz soli v zraku; prim. kondenzacijsko jedro, gl. jedro

krivúlja -e ž navadno grafična predstavitev kake količine v odvisnosti od druge ali drugih količin

karakteristična k. 1. krivulja, ki kaže kako značilno razporeditev, npr. letni potek padavin 2. kri-

vulja, ki veže višine kondenza-
cijskih nivojev prisilnega dviga
in določa potencialno nestabil-
nost

k. stratifikacije krivulja, ki kaže
navpično razporeditev tempera-
ture zraka; prim. profil

króg -a m 1. sklenjena ravninska
krivulja, katere točke so enako
oddaljene od središča

2. razširjena slika sonca ali lune

pri opazovanju skozi debelejše
plasti cirrusnih oblakov

parhelični k. belkast vodoravni
krog na isti višini kot sonce, na
katerem se lahko pojavijo svetle
pege (sosonca)

króženje -a s približno krožno
gibanje zraka; prim. cirkulacija 3,
gibanje

kumulonímbus -a m gl. cumulonim-
bus

kúmulus -a m gl. cumulus

L

labilizácija -e ž povečanje labilno-
sti, npr. zračne plasti, toka

labílnost -i ž gl. nestabilnost

lacunósus -a [lakunozus] m (krat. la)
luknjast oblak v obliki satovja

lavína -e ž neustr., gl. plaz

léd -ú m voda ali nekatere druge
snovi v trdnem agregatnem
stanju

čisti l., ki je prozoren ali prosojen

morski l. 1. led, nastal zaradi
zmrznjenja morske vode 2. led,
prinesen navadno z morskim
tokom

motni l., ki je neprozoren zaradi
zračnih elementov ali drugih
primesi

oceanski l., ki pokriva polarna
morja

polarni l., ki pokriva polarna
območja

suhi l. ogljikov dioksid v trdnem
agregatnem stanju

vsebnost l. vsebnost ledenih kri-
stalčkov in ledenih zrn v zraku

ledén -a -o ki je iz ledu

ledena gora velik odlomek polar-
nega ledu, ki plava na morju

l. igla ledeni kristalček, po obliki
podoben igli

l. iglica raba v mn. ledeni kristalčki s
premerom pod 0,1 mm, ki ob
jasnem vremenu in tempera-
turah pod -10 °C lebdijo v
zraku in se lesketajo

l. megla megla, ki se sestoji iz
ledenih kristalčkov

l. obloga z ledom obdana površina
raznih predmetov

l. roža značilna oblika kristaliza-
cije vode na gladki hladni (obi-
čajno stekleni) površini

l. sveča navzdol ošiljena ledena
tvorba, nastala pri zmrzovanju
polzeče vode

ledeni kristalček kristalizirana

voda v obliki npr. ploščice, iglice, stebrička

l. oblak oblak, ki sestoji iz ledenih kristalčkov ali zmrznjenih kapljic

ledeno ivje kompaktna plast ledu s hrapavo površino, podobno žledu

l. zrno gl. ledeno zrno

ledeník -a m velika trajna gmota ledu

ledéni možjé -ih móž m mn. singulariteta močnih ohladitev sredi maja

ledéno zŕno -ega -a s raba v mn. padavine v obliki prozornih ledenih kroglic s premerom pod 5 mm

ledíšče -a s temperatura zmrzovanja ali taljenja vode pri 0 °C

lenticuláris -a [lentikularis] m (krat. len) oblak v obliki konveksne leče; sin. lečasti oblak; prim. valovni oblak, gl. oblak

léstvica -e ž gl. skala 1

letálska sléd -e -í ž razmeroma tanek oblačni trak za letali v zraku z razmeroma visoko relativno vlago

léto -a s 1. čas 365 ali 366 dni, ki se začne 1. januarja in traja do 31. decembra

referenčno l. gl. referenčno leto

2. dolžina poljubno izbranega časovnega intervala, npr. od 1. marca do naslednjega 1. marca

lídar -ja m sin. laserski radar, gl. radar

liják tornáda -a -- m vidni del tornada

línija -e ž sin. črta

konvergentna l., h kateri se zrak steka

nevihtna l. (angl. squall line) pas

neviht pred hladno fronto

litometeór -ja m pojav v atmosferi, ki ga povzročijo trdni delci v zraku, npr. suha motnost, dim, peščeni vihar

litosféra -e ž trdni del zemeljske oble

liziméter -tra m naprava za merjenje različnih komponent hidrološkega cikla, infiltracije, površinskega odtoka, evapotranspiracije, topljivih delcev, sestavljena iz posod, napolnjenih z zemljo, zgoraj v nivoju zemeljske površine, za prestrezanje ali zbiranje vode, ki potuje navzdol skozi tla

ločljívost -i ž sposobnost zaznavanja najmanjših mogočih razlik, npr. ločljivost instrumenta, ločljivost satelitske slike

lók -a m del kroga ali krivulje

cirkumzenitalni l. raba v mn. odbojni loki rdečkaste do vijoličaste barve, nastali zaradi velikega hala, ki se pojavijo v bližini zenita ali horizonta

mavrični l. raba v mn. dodatni barvni loki pod notranjo mavrico

tangencialni l. raba v mn. kratki loki ali svetle pege na zunanji strani hala

lòm lôma m nenadna sprememba smeri

l. izoplete lom na mejni površini, ki kaže nezveznost gradienta kake količine

l. svetlobe sprememba smeri žarkov na meji optično različno gostih prozornih snovi

lovílna odprtína -e -e ž odprtina lovilnega lijaka, s katero se prestrezajo padavine

lovílni liják -ega -a m zgornji del
ombrometra, v katerega se

ujame padavinska voda in
odteka v zbiralno posodo

M

maestrál -a m 1. veter zahodnih
smeri v Sredozemlju, ki se
pojavi ob azorskem anticiklonu
2. poljud. obalni veter na Jadranu,
ki piha podnevi z morja; sin.
zmorec

maksimálna vôdnost tál -e -i -- i gl.
vodnost

máksimum -a m največja vrednost
spremenljive količine

absolutni m. najvišja vrednost ali
časovno v celotnem nizu podat-
kov, ali krajevno na kakem
območju

povprečni m. povprečje maksimal-
nih vrednosti posameznih kraj-
ših obdobij

mámma -e [mama] i (krat. mam)
baza oblaka v obliki dojk

maritímnost -i i stopnja izrazitosti
maritimne klime

márkica -e i gl. kontrolna značka

mása -e i količina, ki določa vpliv
težnosti na telo oziroma upira-
nje telesa pospeševanju

arktična zračna m. zračna masa,
ki nastane nad arktiko in je
zelo mrzla

celinska zračna m. zračna masa,
ki nastane nad celino oziroma
kopnim in je razmeroma suha;
sin. kontinentalna zračna masa

kontinentalna zračna m. gl. celin-
ska zračna masa

maritimna zračna m. gl. morska
zračna masa

m. atmosfere celotna masa
Zemljinega ozračja ($5{,}3 \cdot 10^{18}$ kg)

m. oblačnega zraka vsota mas
suhega zraka, vodne pare in
vodnih kapljic v izbrani pro-
stornini zraka v oblaku

m. suhega zraka masa osnovnih
nespremenljivih sestavin zraka

morska zračna m. zračna masa, ki
nastane nad morjem in je vlaž-
na; sin. maritimna zračna masa

polarna zračna m. zračna masa,
ki nastane v višjih geografskih
širinah od zmernih in je razme-
roma hladna

tropska zračna m. zračna masa,
ki nastane v nižjih geografskih
širinah od zmernih in je razme-
roma topla

zračna m. obsežna masa zraka v
makrometeorološki skali, ki ima
od podlage pridobljene lastnosti

mávrica -e i koncentrični barvni
loki, vidni na pršcu, dežnih
kapljah ali megli

bela m., pri kateri barve niso
razklonjene, npr. na megli

m. prvega reda gl. notranja
mavrica

m. tretjega reda gl. zunanja mavrica

notranja **m.**, ki je izrazitejša in ima lok 42°; sin. mavrica prvega reda

zunanja **m.**, ki je šibkejša in ima lok 50°; sin. mavrica tretjega reda

meandríranje dímne sledí -a -- -- s vidno vodoravno vijuganje dima

meandríranje tóka -a -- s vijuganje toka z radijem vijug, ki je večji od širine toka

mediána -e ž sin. srednja vrednost 1, gl. vrednost

m. temperature sin. srednja temperatura, gl. temperatura

mediócris -a [mediokris] m (krat. med) srednje razvit cumulus

meglà -è [məg] ž drobne vodne kapljice ali ledeni kristalčki v prizemni plasti zraka, ki zmanjšujejo vodoravno vidnost pod 1 km

advekcijska **m.**, ki nastane pri advekciji zraka, ki je hladnejši ali toplejši od podlage oziroma tal

dvignjena **m.**, ki nastane ob premešanju prizemne plasti zraka in preide v stratus

frontalna **m.**, ki nastane zaradi izhlapevanja padavin ob frontah

gosta **m.**, ki zmanjšuje vidnost pod določeno mejo, navadno pod 100 m

ledena **m.**, ki sestoji iz ledenih kristalčkov

m. z vidnim nebom megla, ki je razmeroma plitva, da je mogoče videti nebo ali oblake

morska **m.**, ki je nad morjem

nevidna **m.**, ki je enake temperature kot okolica in se je na satelitski sliki, posneti v infrardečem spektru, ne opazi

obalna **m.**, ki je v pasu ob obali zaradi vzajemnega vpliva kopnega in morja

pobočna **m.**, ki je ob obsežnih položnih pobočjih zaradi adiabatnega ohlajevanja zraka pri prisilnem dvigu

podhlajena **m.**, ki sestoji iz podhlajenih vodnih kapljic

pršeča **m.**, iz katere prši

puhteča **m.**, ki nastane v hladnem zraku nad toplo mokro podlago

radiacijska **m.**, ki nastane zaradi ohlajevanja tal in zraka s sevanjem

talna **m.**, ki sega od tal do višine nekaj metrov nad tlemi

megléna móča -e -e [məg] ž plast iz megle odložene vode na tla in predmete

mêja -e ž višina ali ločnica različnih območij

gozdna **m.** nadmorska višina, do katere rastejo drevesa

klimatska **m.** ločnica raznih klimatskih tipov

m. snega nadmorska višina, nad katero leži sneg

m. sneženja nadmorska višina, nad katero sneži, pod njo pa dežuje

m. večnega ledu 1. povprečna nadmorska višina, nad katero leži led vse leto 2. ločnica med morsko površino in polarnim ledom

menískus -a m ukrivljena površina tekočinskega stebrička v cevki

merílnik -a m naprava za določanje vrednosti kake količine; prim. instrument, tipalo

merílno mésto -ega -a s prostor, izbran za meritve

merítev -tve ž instrumentalni način določanja kvantitativnih vrednosti kake količine

analogna m., ki daje zvezne vrednosti

avtomatska m., pri kateri se izmerjene vrednosti samodejno registrirajo

balonska m., ki se opravlja z meteorološkim balonom

dopolnilna m. navadno občasna meritev, ki je dopolnilo k stalnim meritvam

maršrutna m., ki je vzdolž kake poti

pilotažna balonska m. balonska meritev, pri kateri se balon spremlja s teodolitom

posebna m., ki vključuje nestandardne metode, naprave ali termine

radarska m., ki se opravlja z meteorološkim radarjem

radiosondna m., pri kateri se meri temperatura, vlaga, tlak in veter z radiosondo

redna m., ki poteka v mreži meteoroloških postaj več let

trandosondna balonska m. balonska meritev, pri kateri balon potuje po ploskvi izbranega pritiska

terminska m., ki poteka v določenem časovnem zaporedju po pravilih svetovne meteorološke organizacije

začasna m., ki zajame razmeroma kratko časovno obdobje meritev

meteór -ja m viden ali slišen pojav v atmosferi

meteográf -a m naprava za merjenje in zapisovanje meteoroloških elementov, nameščena na letalu, zmaju, balonu

meteoróg -a m strokovnjak za meteorologijo; sin. vremenoslovec

meteorologíja -e ž geofizikalna veda, ki obravnava procese in pojave v atmosferi in pojave, ki so soodvisni od njih; sin. vremenoslovje

aplikativna m. gl. uporabna meteorologija

dinamična m., ki obsega teorijo sil, gibanj, energijskih prehodov in procesov v ozračju

fizikalna m., ki obsega fiziko oblakov, optične, električne in druge fizikalne pojave v ozračju

pomorska m., ki obravnava predvsem procese v ozračju nad morji, zlasti za potrebe pomorskega prometa

radarska m., ki temelji na opazovanjih z radarjem

satelitska m., ki temelji na opazovanjih s sateliti

sinoptična m., ki obravnava obsežne atmosferske procese, predvsem po sinoptični metodi, za sestavo vremenskih napovedi na osnovi vremenskih kart; sin. sinoptika

teoretična m., ki izhaja iz fizikalnih zakonov in uporablja matematična sredstva

tropska m., ki obravnava tropska in subtropska območja

uporabna m., ki je prilagojena raznim dejavnostim, npr. agrometeorologija, biometeorologija, gozdarska, gradbena, letalska, medicinska, prometna, turistična meteorologija; sin. aplikativna meteorologija

meteorolóški -a -o ki se nanaša na meteorologijo; sin. vremenosloven

meteorološka depeša šifrirano poročilo z meteorološkimi podatki

m. jesen jesen, ki traja v zmernih širinah severne poloble od 1. septembra do 1. decembra

m. karta karta, ki kaže razporeditev meteoroloških količin, polj, pojavov, npr. padavinska karta, temperaturna karta, nevihtna karta

m. količina katerakoli količina v meteorologiji

m. ladja posebej za meteorološke meritve prirejena in vzdrževana ladja

m. pomlad pomlad, ki traja v zmernih geografskih širinah severne poloble od 1. marca do 1. junija

m. postaja gl. postaja

m. služba organizacija, ki opravlja operativno delo na področju meteorologije v kaki državi, pokrajini

m. zima zima, ki traja v zmernih geografskih širinah severne poloble od 1. decembra do 1. marca naslednjega leta

meteorološki arhiv urejena zbirka meteoroloških podatkov

m. element osnovna količina, ki opisuje stanja v atmosferi, npr. temperatura, pritisk

m. instrument instrument, ki se uporablja za merjenje meteorološke količine

m. ključ sistem šifer oziroma znakov za pomen, prenos in prikaz meteoroloških podatkov;

m. kod gl. meteorološki ključ

m. nomogram gl. nomogram

m. observatorij meteorološka ustanova, namenjena meritvam in raziskavam

m. parameter splošna, glede na definicijo pojma parameter včasih neustrezna oznaka za kako meteorološko količino

m. podatek 1. podatek, ki se nanaša na meteorološko količino ali pojav, npr. podatek o temperaturi, vlažnosti 2. raba v mn. podatki, ki kot celota omogočajo pregled nad vremenom ali klimo

m. pojav 1. pojav, odvisen od stanja v atmosferi in na njenih mejah; prim. prilogo o klasifikaciji hidrometeorjev 2. sin. atmosferski pojav, gl. pojav

m. pokazatelj količina, ki opredeljuje vrednost ali stanje druge meteorološke količine

m. polet polet, ki je namenjen meteorološkim meritvam

m. radar elektronska naprava za opazovanje, ki oddaja in sprejema odbito elektromagnetno valovanje

m. satelit naprava, ki meri in posreduje meteorološke podatke iz orbite okrog Zemlje; sin. vremenski satelit

meteorološko opazovanje opazovanje, ki se nanaša na meteorološke pojave ali meteorološke spremenljivke

m. *poletje* poletje, ki traja v zmernih geografskih širinah severne poloble od 1. junija do 1. septembra

meteoropatíja -e *ž* prizadetost bolnega organizma zaradi vremena

meteorotropíja -e *ž* odzivnost organizma na vreme

métež -a in **snéžni métež** -ega -a m gl. snežen

metóda -e *ž* način obravnavanja ali reševanja problema

*determinística **m.***, ki sloni na fizikalnih zakonih in konkretnih predpostavkah ter velja za posamezne primere; ant. statistična metoda

m. elementa zraka metoda, ki velja za dogajanja v atmosferi, če se njen manjši del adiabatno dviga ali spušča

m. končnih elementov metoda numeričnega reševanja diferencialnih enačb z razvojem po funkcijah, ki so le na končnih odsekih različne od nič

m. mreže točk metoda numeričnega reševanja diferencialnih enačb v pravilno razporejenih točkah

m. perturbacij metoda, ki razdeli količino na njen značilni povprečni del in na odmik od te vrednosti

*numerična **m.***, ki daje številčne rešitve enačb za konkretne podatke

*objektivna **m.***, ki sloni na vnaprej določenih postopkih in kriterijih; ant. subjektivna metoda

*sinoptična **m.***, ki na osnovi istočasnih opazovanj spremlja vremenska dogajanja nad veli-

kim delom zemeljske površine in omogoča vremenske napovedi z ekstrapolacijo premikov in dogajanj v ozračju

*spektralna **m.*** 1. metoda numeričnega reševanja diferencialnih enačb z razvitjem spremenljivk v vrste periodičnih funkcij 2. določanje kakih lastnosti na osnovi določanja spektra

*statistična **m.***, ki sloni na zakonitostih matematične statistike; ant. deterministična metoda

*subjektivna **m.***, ki sloni na izkušnjah posameznika; ant. objektivna metoda

mezopávza -e *ž* meja med mezosfero in termosfero, ki je okrog 80 km visoko

mezosfêra -e *ž* plast atmosfere na višini približno 50 do 80 km nad tlemi, v kateri se temperatura z višino močno znižuje; prim. stratosfera, termosfera

migotánje -a *s* hitro, navidezno malenkostno spreminjanje položaja zvezd ali drugih svetlobnih virov

míkrobarográf -a m barograf, ki zazna tudi zelo majhne spremembe tlaka

míkrofízika oblákov -e -- *ž* področje meteorologije, ki obravnava dogajanja med delci v oblakih

míkroklíma -e *ž* klima, ki jo ima majhen prostor, npr. klima v zaprtih prostorih, med rastlinjem

míkrometeorologíja -e *ž* področje meteorologije, ki obravnava vremenske in klimatske razmere majhnih dimenzij od nekaj mm do 2 km, navadno v prizemni plasti zraka

mílibár -a m (krat. mb, tudi mbar)
enota za merjenje pritiska ali
tlaka (1 mb = 1 hPa = 100
N/m²)

mínimum -a m najmanjša vrednost
spremenljive količine

absolutni m., ki velja za celotni
niz podatkov

povprečni m. povprečje minimalnih vrednosti, ki veljajo za
posamezna krajša obdobja

mistrál -a m hladen veter, ki piha
po dolini Rhone (Francija)
navzdol

modél -a m skupek zakonitosti, ki
opisujejo in določajo kak pojav
ali stanje

boksni m. računski model, ki
predpostavlja razdelitev prostora v volumske enote homogenih
lastnosti

difuzijski m., ki opisuje razširjanje kake lastosti ali snovi v
zraku, navadno s turbulentno
difuzijo

dinamični m., v katerem so glavni
procesi opisani kot posledica
delujočih sil

fizični m. gl. laboratorijski model

Gaussov m. [gausov] difuzijski
model z Gaussovo razporeditvijo
koncentracij okrog centra ali
osi

globalni m., ki zajema dogajanje
na celotni zemeljski površini

klimatski m., ki sloni na klimatskih vrednostih spremenljivk in
povezuje klimatske dejavnike

laboratorijski m., v katerem se
dogajanje spremlja v pomanjšani velikosti; sin. fizični model

matematično fizikalni m., v katerem so dogajanja v atmosferi

predstavljena s sistemom enačb

mezometeorološki m., ki zajema
dogajanja, značilna za mezometeorološko skalo

m. ciklona zmernih širin po Bjerknesu:
model ciklona s toplo in hladno
fronto

m. fronte model, ki opisuje narivanje toplega zraka nad hladnega ali hladnega pod toplega
in posledice tega

m. širjenja onesnaženja (zraka)
model, ki opisuje npr. advekcijo,
difuzijo onesnaženja

m. za napoved vremena model, ki
vsebuje tudi časovno odvisnost
dogodkov in z razvojem od
začetnega stanja napoveduje
bodoče vreme; sin. prognostični
model

m. za omejeno območje model, ki
zajema dogajanje v ozračju nad
delom hemisfere

numerični m., ki je prirejen za
numerično reševanje

prognostični m. gl. model za napoved vremena

statistični m., ki po statističnih
zakonitostih opisuje kak pojav

modrína nebá -e -- i značilen sinji
videz neba zaradi selektivnega
sipanja sončne svetlobe

módus -a m sin. najpogostejša vrednost, gl. vrednost

mónitoring -a m informacijski sistem za spremljanje in nadzorovanje pojavov z zbiranjem informacij in odločanjem z osrednjega mesta

monsún -a m obsežen sistem zna
čilnih vetrov pozimi s kopnega
na morje in poleti obratno,
predvsem v jugozahodni Aziji

Montgómeryjev potenciál -ega -a [montgomerijev] m funkcija, ki je na izentropski ploskvi podana kot vsota geopotenciala in entalpije

môrski dìm -ega díma m bolje: pršec

môtnja -e ž pojav, ki ni usklajen s pravilnim, normalnim delovanjem

môtnost -i ž zmanjšana vidnost ob lepem vremenu; sin. mrč

prašna m., ki je posledica prahu ali majhnih delcev peska v zraku, ki se dvigajo s tal med peščenim viharjem

suha m., ki je posledica drobnih delcev v zraku s premerom okrog 0,1 mikrometra in ki daje svetel videz neba v smeri proti soncu in temen videz v smeri od sonca

vlažna m. gl. zamegljenost

mrák -a m čas pred sončnim vzhodom in po sončnem zahodu, ko ni niti popolnoma svetlo niti popolnoma temno

mràz mráza m **1.** vreme z relativno nizkimi temperaturami, močnim vetrom, brez sonca
2. poljud. vremensko stanje ob razmeroma nizki temperaturi zraka
3. občutje človeka ali živali v razmerah, ki povzročajo prekomeren odtok toplote iz telesa

mrazíšče -a s manjše območje z nižjo temperaturo kot je v okolici, navadno v vrtači ali kaki drugačni kotlini

mŕč -a m gl. motnost

mréža -e ž razporeditev točk v prostoru

fina m. bolje: gosta mreža

gosta m. z gosto razporejenimi (računskimi) točkami, ki so npr. v vodoravni smeri v globalnem modelu za napoved vremena oddaljene manj kot 150 km druga od druge

m. postaj razvrstitev meteoroloških opazovalnic na določenem območju

m. točk razporeditev računskih točk v numeričnem modelu

osnovna m. mreža opazovalnic, ki delujejo nepretrgano in po mednarodnih pravilih

pravilna m. mreža z vozlišči, razporejenimi vzdolž vzporednic ali geografskih koordinat

zamaknjena m. mreža s točkami, pri kateri so različne količine definirane v različnih točkah

mréžna razdálja -e -e ž oddaljenost dveh sosednjih točk v pravilni mreži podatkov

mŕtvo mórje -ega -a s vzvalovano morje z razmeroma dolgimi valovi, ki niso nastali na tem območju

mutátus -a m (krat. mut) oblak, pretvorjen iz oblaka drugega rodu; prim. prvotni oblak, gl. oblak

N

nabòj -ôja m množina elektrine na telesu

električni n. množina elektrine na naelektrenem telesu

razdelitev n. pojav, pri katerem dobijo oblačni delci ali deli oblaka različen električni naboj

nadglavíšče -a s gl. zenit

nagíb -a m nagnjenost kake ravnine glede na horizontalno ravnino

n. fronte nagib, ki velja za frontalno površino

n. ploskve nagib, ki velja za značilno ploskev, npr. enakega tlaka

nakoválo -a s gl. incus

nalív -a m zelo močen, navadno kratkotrajen dež

namestítev instruménta -tve -- ž postavitev instrumenta na izbrano mesto in priprava za njegovo delovanje

napáka -e ž razlika med pravo in izmerjeno ali izračunano vrednostjo

n. instrumenta napaka, ki je posledica lastnosti instrumenta

n. meritve seštevek napake instrumenta in subjektivne napake

n. odsekanja razlika med odvodom in količnikom končnih razlik, s katerimi se nadomesti odvod

n. opazovanja subjektivna napaka pri opazovanju kakega pojava

ali napaka meritve

povprečna n. po izbranem postopku določeno povprečje posameznih napak

sistematična n., ki se v enaki velikosti pojavlja pri vsaki od enakih meritev ali računanj; ant. slučajna napaka

slučajna n., ki je ali subjektivna napaka ali napaka, ki je posledica slučajne motnje v instrumentu; ant. sistematična napaka

subjektivna n., ki je posledica nenatančnosti oziroma pomote človeka, ki meri ali računa

verjetna n., ki se pri množici meritev ali računov pojavi z določeno verjetnostjo

napóved -i tudi **vreménska napóved** -e -i ž opis vnaprej predvidenega stanja ali dogajanja v ozračju; sin. prognoza

dolgoročna n., ki velja za obdobje, daljše od 10 dni

javna n., ki se posreduje preko sredstev javnega obveščanja

kratkoročna n., ki velja za obdobje do 3 dni

n. onesnaženosti zraka napoved vsebnosti škodljivih primesi v zraku oziroma ozračju

n. sinoptičnega stanja napoved polj meteoroloških količin in vremenskih sistemov nad obsežnim območjem

n. vremena napoved, ki velja za

vreme v kakem kraju ali v izbranem območju za izbrano časovno obdobje; sin. prognoza vremena

n. vremenskih pojavov napoved, ki velja navadno za krajši čas vnaprej in za posamezen pojav, npr. napoved megle, napoved neviht •

natančnost n. (ang. accuracy) 1. stopnja realizacije napovedi glede na natančnost njene izdelave 2. stopnja realizacije napovedi glede na natančnost uresničenja

numerična n., izdelana na osnovi numeričnega modela

objektivna n., sestavljena po objektivnih, vnaprej predpisanih postopkih

ocena n. postopek, s katerim se določi natančnost, uspešnost, predvidljivost in zanesljivost napovedi

persistenčna n., ki temelji na predpostavki, da bo prihodnje vreme enako sedanjemu

pravilna n., ki se je uresničila

predvidljivost n. (ang. predictability) stopnja možnosti napovedi glede na dinamiko in trajanje napovedanega sistema

srednjeročna n., ki velja za obdobje, daljše od 3 in krajše od 10 dni

statistična n., izdelana na osnovi statistike podobnih preteklih stanj

subjektivna n., sestavljena na osnovi osebnih izkušenj in spoznanj

uspešnost n. (ang. skill) stopnja realizacije napovedi glede na

uporabljene prognostične metode ali glede na prognostika

vremenska n. gl. napoved

zanesljivost n. (ang. reliability) stopnja realizacije napovedi glede na vrednost zaupanja (verodostojnost) za uporabnika

zdajšnja n. (ang. nowcasting), ki velja za čas od 0 do 2 ur

zelo kratkoročna n., ki velja za čas od 0 do 12 ur

zgrešena n., ki se ne uresniči

napovedljívost -i ž predvidena verjetnost uresničenja napovedi vremena

napovedováti -ujem nedov. vnaprej določati vremensko stanje ali dogajanje v ozračju; sin. prognozirati

narívanje zráka -a -- s poševno dviganje ene zračne mase nad drugo ali nad kako pobočje

n. toplega zraka narivanje zraka, ki velja za toplejši, redkejši in vlažnejši zrak; prim. topla fronta, gl. fronta

nastánek pojáva -nka -- m proces izoblikovanja ali vzpostavitve pojava, npr. nastanek megle, nastanek nevihte

nastavítev instrumênta -tve -- ž naravnanje instrumenta na začetno ali izbrano vrednost

navodílo -a s določilo ali pojasnilo, kako kaj narediti, npr. navodilo za merjenje, navodilo za opazovanje

nebó -á s navidezna ukrivljena ploskev oziroma prostor nad obzorjem

kaotično n., ki je pokrito z oblaki zelo različnih rodov in vrst

nebulósus -a [nebulozus] m (krat.

neb) megličast, brezobličen oblak

nefoskóp -a m naprava za merjenje hitrosti in smeri gibanja oblakov

nefoskópske gráblje -ih -belj *i*, mn. nefoskop v obliki grabelj

nefoskópsko zrcálo -ega -a s nefoskop v obliki zrcala

nèperiódičnost -i *i* lastnost, da se kaj v času ali prostoru ne ponavlja v enakomernih presledkih

nèprozórnost -i *i* lastnost, da kaka snov ne propušča svetlobe oziroma sevanja; ant. prozornost; prim. prosojnost

nèstabílnost -i *i* lastnost procesa ali sistema, da se zaradi motnje oddaljuje od prejšnjega stanja; sin. labilnost, ant. stabilnost

dinamična n. 1. nestabilnost, ki je posledica raznih dinamičnih vzrokov, npr. barotropna nestabilnost, baroklina nestabilnost, Kelvin-Helmholtzova nestabilnost, inercijska nestabilnost, nestabilnost striženja, vrtinčna nestabilnost 2. nestabilnost pomikov na izentropski ploskvi

energija n. energija, ki je posledica razporeditve temperature in vlage zraka, npr. energija statične nestabilnosti, energija barokline nestabilnosti

koloidna n. lastnost oblakov, da v njih rastejo kaki delci na račun drugih zaradi razlik med njimi

konvektivna n. druge vrste nestabilnost, ki je vzrok za nastanek tropskih ciklonov nad morjem

numerična n. nestabilnost numerične sheme za reševanje sistema diferencialnih enačb

statična n. pojav, pri katerem se znajde gostejša plast tekočine nad redkejšo zaradi raznih vzrokov, npr. absolutna nestabilnost, avtokonvekcijska nestabilnost, hidrostatska nestabilnost, konvektivna nestabilnost, pogojna nestabilnost

nèstisljívost -i *i* lastnost snovi, da pod pritiskom ne spremeni svoje prostornine; ant. stisljivost

n. zraka predpostavka, da zrak v prosti atmosferi pri horizontalnem gibanju ni stisljiv

neúrje -a s zelo močne padavine in zelo močen veter, navadno ob nevihti

nevíhta -e *i* 1. elektrometeor, in sicer strela (bliskanje oziroma grmenje)
2. vremenski pojav, povezan s cumulonimbusom in grmenjem, pogosto tudi z močnim dežjem, točo, bliskanjem

frontalna n., ki nastane na fronti

krajevna n., ki nastane nad manjšim območjem in je navadno termična nevihta, ki se ne odmakne od kraja nastanka

n. v okolici nevihta, pri kateri v kraju opazovanja ni padavin

oddaljena n., ki je daleč od kraja opazovanja

orografska n., ki nastane zaradi vpliva orografije

posamezna n. raba v mn., ki nastajajo le ponekod ali občasno nad kakim območjem

supercelična n., ki jo sestavlja en

sam, zelo velik cumulonimbus dokaj značilne zgradbe, ki potuje na daljše razdalje

termična *n.*, ki nastane zaradi pregretosti kakega območja v labilnem ozračju

večcelična *n.*, v kateri je več celic, od katerih nekatere nastajajo, druge odmirajo

nevíhtni nós -ega -ú m zastar. manjša izboklina na barogramu ob nevihti

nèzvéznost -i ž skokovita sprememba kake količine, npr. nezvezna funkcija; sin. diskontinuiteta

nimbostrátus -a m (krat. Ns) srednji oblak v obliki brezoblične sivine, iz katerega sneži ali dežuje

nivó -ja m višina kake površine ali ploskve

brezdivergentni *n.*, na katerem ni divergence v toku

kondenzacijski *n.*, na katerem je baza oblakov

kondenzacijski *n. mešanja* nivo, na katerem je baza stratusa ali dvignjene megle zaradi premešanja prizemne plasti atmosfere

kondenzacijski *n. prisilnega dviga* nivo, na katerem je baza oblakov ob prisilnem dviganju zraka

kondenzacijski *n. proste konvekcije* nivo, na katerem je baza oblakov ob prosti konvekciji

konvekcijski *n.*, do katerega seže prosta konvekcija

n. geostrofskega vetra nivo, nad katerim velja geostrofska aproksimacija

n. priključka žargon v letalstvu, gl. nivo začetka konvekcije

n. začetka konvekcije višina od tal, na kateri je konvekcija navzgor znatna

níz podátkov -a -- m urejeno zaporedje podatkov

dopolnitev n. p. računski postopek, s katerim se nadomestijo manjkajoči podatki s podatki, izmerjenimi na sosednjih meteoroloških postajah

nóč -í ž čas teme od sončnega zahoda do sončnega vzhoda; sin. ponoči

nočník -a m sin. gorski veter, gl. veter

nomográm -a m sistem izolinij, po katerem se določa vrednost kake količine ob znanih vrednostih drugih količin; sin. meteorološki nomogram

O

obdeláva podátkov -e -- *i* kontrola in preureditev podatkov, navadno v strnjeno informacijo

obdóbje -a s omejeno trajanje; prim. doba

obláčna kápa -e -e *i* orografski oblak, ki pokriva vrh hriba

obláčno prisl. stanje, ko je nebo povsem prekrito z oblaki, in sicer: 8/8 oziroma 10/10

delno o. stanje, ko je nebo pokrito med 1/8 in 3/8

pretežno o. stanje, ko je nebo pokrito do 8/8 skupne oblačnosti in do 7/8 nizke oblačnosti

zmerno o. stanje, ko je nebo pokrito do 7/8 skupne oblačnosti in do 5/8 nizke oblačnosti

obláčnost -i *i* **1.** stopnja prekritosti neba z oblaki, ki se označuje v osminah ali desetinah

nizka o., pri kateri so upoštevani nizki oblaki

skupna o., pri kateri so upoštevani vsi oblaki na nebu

2. sistem oblakov s kakimi značilnostmi

frontalna o., ki je ob fronti

konvektivna o., ki je posledica konvekcije

nizka o., ki sestoji samo iz nizkih oblakov

orografska o., ki je ob hribih ali zaradi njih

oblák -a m vidna množica vodnih kapljic, ledenih kristalčkov ali obojega ter hidrometeorjev (npr. snežnih kosmov, zrn toče) višje v ozračju

biserni o. posebni oblak v stratosferi na višini med 20 in 30 km, podoben cirrusu, ki ima močno irizacijo

burjin o., ki se pojavi ob burji pri vrhu gorske pregrade

cirrusni o. in *cirusni o.* visoki oblak rodu cirrus, cirrostratus ali cirrocumulus

cunjasti o. razcefrani cunji podoben oblak pod kakim oblakom; sin. pannus

deževni o., iz katerega dežuje

dopolnilna oblika (oblaka) posebna oblika dela oblaka; prim. prilogo o klasifikaciji oblakov

fenski o., ki se pojavi ob fenu pri vrhu gorske pregrade

klasifikacija oblakov gl. klasifikacija

konvektivni o., ki je posledica konvekcije, npr. oblak vertikalnega razvoja, oblak nad hladilnim stolpom

kopasti o. v obliki kopic, kop; prim. cumulus, cumulonimbus

lečasti o. v obliki konveksne leče; sin. lenticularis

ledeni o., ki sestoji iz ledenih kristalčkov ali zmrznjenih kapljic

mikrofizika o. gl. mikrofizika oblakov

najpomembnejši o. raba v mn., kot element meteorološkega ključa: oblaki, ki

so tako gosti oziroma tako
nizko, da jih je potrebno posebej
obravnavati v poročilu o opazo-
vanju

nevihtni o., ki je nosilec nevihte;
prim. cumulonimbus

nizki o. raba v mn. skupina oblakov
od tal do višine 2 km, v kateri
so oblaki iz rodu stratocumulus
in stratus

nočni svetleči se o. posebni oblak
v stratosferi na višini med 70
in 90 km, podoben cirrusu,
viden ponoči

o. prahu oblak, ki je na satelitski
sliki podoben cirrusu, vendar je
sestavljen iz prahu, ki v pri-
zemni plasti povzroča motnost
zraka

o. primesi posebni oblak, ki ga
sestavljajo neobičajne sestavine,
npr. prah, dim, plini, radio-
aktivne snovi

o. se je utrgal poljud. močen naliv

o. vejica oblačni sistem na satelit-
ski sliki, po obliki podoben veji-
ci (pravopisnemu znaku), znači-
len za nastajanje novega ciklo-
na

o. vertikalnega razvoja raba v mn.
skupina oblakov, za katero je
značilno, da oblaki nastajajo ob
močnejšem navpičnem dviganju
zraka, v kateri so oblaki iz
rodu cumulus in cumulonimbus;
prim. konvektivni oblak

orografski o., ki nastane zaradi
vpliva orografije

plastoviti o., ki ima pretežno
plastovito, razpotegnjeno obliko;
sin. stratiformis; prim. stratus,
nimbostratus, stratocumulus,
altostratus, cirrostratus

podvrsta oblakov tretja stopnja
klasifikacije oblakov po značil-
nostih; prim. prilogo o klasifikaciji
oblakov

posebni o. raba v mn. skupina v klasi-
fikaciji oblakov, ki obsega manj
pogoste oblake, npr. stratosfer-
ski oblaki, oblaki ob slapovih,
oblaki od industrije, vulkanskih
izbruhov, sledi za letali

posipani o., v katerega so vnesene
snovi z namenom, da bi se
spremenile njegove lastnosti

prvotni o., iz dela katerega je
nastal drug rod oblakov; prim.
genitus, mutatus, prilogo o
klasifikaciji oblakov

rod oblakov prva stopnja klasi-
fikacije oblakov po značilnostih;
prim. prilogo o klasifikaciji obla-
kov

rotorni o. orografski oblak, nava-
dno valjaste oblike, ki nastane
v zavetrju hriba

skupina oblakov oblaki, združeni
glede na kako skupno značil-
nost, npr. višino, nastanek

spremljajoči o. posebna oblika
oblaka, ki spremlja drugi oblak;
prim. prilogo o klasifikaciji obla-
kov

srednji o. raba v mn. skupina oblakov
v višini od 2 do 6 km, v kateri
so oblaki iz rodu altocumulus,
altostratus, nimbostratus

stolpičasti o. v obliki stolpičev; sin.
castellanus

stratosferski o. posebni oblak, ki
je v stratosferi (biserni oblak,
nočni svetleči se oblak)

valovni o., ki nastane v vrhovih
valov v atmosferi navadno na
zavetrni strani nad gorskimi

pregradami; prim. lenticularis

visoki o. raba v mn. skupina oblakov v višini od 6 do 13 km, v kateri so oblaki rodu cirrus, cirrocumulus in cirrostratus

vlaknati o. v obliki vlaken; sin. fibratus

vodni o., ki sestoji samo iz kapljic brez kristalčkov ledu

vrh oblaka zgornja meja oblaka

vrsta oblakov druga stopnja klasifikacije oblakov po značilnostih; prim. prilogo o klasifikaciji oblakov

vulkanski o. posebni oblak, ki je posledica izbruha vulkana

obrámba -e ž umetno zmanjševanje neugodnih vplivov kakega vremenskega procesa ali pojava, npr. obramba pred pozebo, slano, točo

observatórij -a m sin. meteorološki observatorij, gl. meteorološki

obsévanje -a s vpadanje sevanja na kako površino

cirkumglobalno o., ki se nanaša na okrogle sprejemne površine

difuzno o., ki se nanaša na sipani del vpadajočega (sončnega) sevanja

direktno o., ki se nanaša na nesipani in iz okolice neodbiti del vpadajočega (sončnega) sevanja

globalno o., ki je vsota direktnega in difuznega sončnega obsevanja vodoravne površine

jakost o. gostota energijskega toka sevanja, ki pade na kako ploskev

kvaziglobalno o., ki je vsota direktnega in difuznega sončnega obsevanja nagnjene ali navpične površine

sončno o. sončno sevanje, ki sije na kako površino; sin. insolacija

trajanje sončnega o. seštevek izmerjenih časovnih intervalov direktnega sončnega obsevanja

obzórje -a s črta, kjer se navidezno stikata zemeljska površina in nebo; sin. horizont

odbòj -ôja m sprememba smeri, npr. razširjanja valovanja, zaradi trka ob kaj; sin. refleksija

difuzni o., pri katerem je odboj neurejen in je v vse smeri

popolni o., pri katerem se vse vpadlo valovanje urejeno odbije od telesa; prim. zračno zrcaljenje, gl. zračen

selektivni o., pri katerem se odbije le valovanje določene valovne dolžine

odbójnost -i ž razmerje med odbitim in vpadlim sevanjem na kaki površini; sin. refleksivnost; prim. albedo

radarska o. mera za določanje lastnosti ozračja glede na sipanje radarskih žarkov nazaj proti radarju

odcepítev -tve ž ločitev manjšega dela od glavnine, npr. odcepitev hladnega zraka

odjúga -e ž močna otoplitev po nekaj časa trajajočem mrazu

odklòn -ôna m 1. odmik od običajne ali povprečne vrednosti; prim. odstopanje

2. sprememba smeri zaradi zunanjega vpliva

odklónski kót -ega -a m kot, za katerega se je spremenila smer (gibanja)

odstópanje -a s večji in pomembnejši odklon meteorološke količine od normalne vrednosti; sin. anomalija

odtòk -óka m padavinska voda, ki odteče

podzemni o. del padavin, ki odteče pod površino tal

površinski o. del padavin, ki odteče po površini tal

ogljíkov díoksíd -ega -a m (simbol CO_2) plin, stalna sestavina zraka v zelo majhni koncentraciji

ogolítev -tve ž 1. odnašanje tal z dežjem, vetrom ali vodo
2. naravna ali umetna odstranitev vse vegetacije in organskih snovi; sin. denudacija

ogrétje -a s gl. otoplitev

ohladítev -tve ž znižanje temperature; ant. otoplitev

ohlajevánje -a s proces zniževanja temperature

adiabatno o. brez izmenjave toplote z okolico

advektivno o. zaradi dotoka hladnejšega zraka od drugod

diabatno o. z izmenjavo toplote z okolico

jakost o. gl. jakost

kondukcijsko o. pri stiku s hladnejšo podlago ali objektom

radiacijsko o. z oddajanjem toplote s sevanjem

okluzíja -e ž del frontalnega sistema, pri katerem hladna fronta dohiti toplo in je topli zrak izrinjen v višino

hladna o., pri kateri je pri tleh hladna fronta

prepognjena o., ki je v zadnjem delu ciklona, katerega središče je pomaknjeno vzdolž okluzije

topla o., pri kateri je pri tleh topla fronta

okó orkána očésa -- s brezoblačni osrednji del orkana 2, v katerem se zrak spušča

ombrográf -a m ombrometer, ki zapisuje časovni potek količine padavin; sin. pluviograf

ombrométer -tra m naprava za merjenje količine padavin; sin. dežemer, pluviometer; prim. totalizator

onesnáženi zràk -ega -áka m gl. zrak

onesnáženje zráka -a -- s dogodek, pri katerem se zrak umaže oziroma postane škodljiv

onesnáženost zráka -i -- ž 1. značilnost umazanega oziroma škodljivega zraka
2. stopnja umazanosti oziroma škodljivosti zraka

lokalna o. z. onesnaženost zraka v kakem kraju ali v izbrani točki

višinska o. z. onesnaženost zraka, ki je pod kako inverzijo v prosti atmosferi

onesnaževálec zráka -lca -- m naprava ali sistem, ki onesnažuje zrak; prim. polutant

onesnaževánje zráka -a -- s dogajanje, s katerim se zrak umaže oziroma postane škodljiv; prim. emisija 1

ópacus -a [opakus] m (krat. op) temen, neprozoren oblak

opalescénca -e ž šibko sipanje svetlobe v ozračju, ki daje goram v daljavi modrikast videz

opást -i ž plast nametenega snega na grebenu iz privetrne strani, ki sega nad zavetrno stran grebena

opazoválec -lca m kdor je usposobljen za opazovanje in opravlja to delo

opazoválni prôstor -ega -óra m po predpisih urejena površina, kjer se opravljajo meteorološka opazovanja

opazovánje -a s zaznavanje stanja in pojavov z gledanjem oziroma merjenjem

fenološko o., ki se nanaša na stanje in razvoj rastlin

instrumentalno o., ki poteka z napravami

klimatološko o., ki se opravlja za potrebe klimatologije v terminih po lokalnem času

ladijsko o., ki se opravlja z ladje ali na ladji

letalsko o., ki se opravlja iz letala ali z letalom

meteorološko o., ki se nanaša na meteorološke pojave ali meteorološke spremenljivke

neprekinjeno o., ki poteka ves čas

radarsko o., ki se opravlja z radarjem

satelitsko o., ki se opravlja s satelita

sinoptično o., ki se opravlja po svetovnem času, povsod po Zemlji istočasno, za potrebe napovedovanja vremena

orkán -a m 1. najmočnejši vihar z jakostjo 12 beaufortov, ki povzroča splošno razdejanje, na morju pa potaplja ladje; prim. prilogo o vetrovih
2. globok tropski ciklon z orkanskim viharjem; sin. hurricane, tajfun

orosítev -tve ž ovlažitev s kondenzacijo (z roso)

ós -í ž namišljena črta, ki določa kak položaj, navadno središče vrtenja ali kroženja

koordinatna o., ki sama ali z drugimi osmi določa koordinatni sistem

o. ciklona os, ki povezuje lego središča ciklona na raznih višinah

o. dilatacije os, vzdolž katere se zrak razteka v deformacijskem polju hitrosti

o. divergence os, vzdolž katere je divergenca v deformacijskem polju hitrosti

o. doline os, ki povezuje točke najnižjih vrednosti kake količine v njenem polju

o. grebena os, ki povezuje točke najvišjih vrednosti kake količine v njenem polju

o. kontrakcije os, vzdolž katere se zrak steka v deformacijskem polju hitrosti

o. konvergence os, vzdolž katere je konvergenca toka v deformacijskem polju hitrosti

o. kroženja os, okrog katere kaj kroži

o. vrtenja os, okrog katere se kaj vrti

Zemljina o. namišljena premica skozi pola Zemlje

oséka -e ž zniževanje morske gladine zaradi privlačnosti Lune in Sonca; ant. plima; prim. plimovanje

osrénica -e ž tanka predirajoča se zmrznjena snežna skorja

otoplítev -tve ž zvišanje temperature; sin. ogretje; ant. ohladitev

ovčíca -e ž, raba v mn.: ovčice, poljud. plastoviti oblaki, razdeljeni v kupčke

ozádje onesnáženosti -a -- s onesnaženost zraka, ki pride od oddaljenih virov

ozón -a m (simbol O₃) plin, triatomni kisik, v ozračju pomemben predvsem v ozonosferi in pri fotokemičnem smogu

ozonosfêra -e ž plast ozračja na višini med 20 in 50 km, v kateri je relativno mnogo ozona, ki absorbira večino ultravijoličnega sevanja

ozráčje -a s plinski ovoj Zemlje; sin. atmosfera 1

plimovanje o. plimovanje, ki se odraža v dnevnih periodičnih spremembah zračnega tlaka

P

padavína -e ž, raba v mn.: padavine, hidrometeorji, ki padejo iz oblakov in prispejo do tal

frontalne p., ki nastanejo ob frontah

kisle p., v katerih je kislost povečana zaradi onesnaženosti zraka, predvsem s sulfati in nitrati

konvektivne p., ki padejo iz konvektivnih oblakov

onesnažene p., ki vsebujejo primesi, ki jih v padavinah navadno ni

orografske p., ki nastanejo ali so intenzivnejše zaradi dviganja zraka ob pobočjih

radioaktivne p., ki so bolj radioaktivne kot navadno

snežne p. gl. sneg 1

padavínski -a -o ki se nanaša na padavine

padavinska celica del oblaka s padavinskimi elementi

p. cona cona, v kateri se pojavljajo padavine

p. inverzija inverzija, ki se nanaša na razporeditev količine padavin v gorah z nadmorsko višino

p. roža roža, ki kaže količine padavin ob vetru iz določenih smeri

padavinski element posamezna padavinska kaplja, kristal, snežinka ali zrno

p. režim 1. opis krajevnih in časovnih značilnosti razporeditve padavin ali njihov potek, npr. tropski, monsunski, kontinentalni, mediteranski padavinski režim 2. povprečni razpored količine in oblike padavin med letom

p. sistem oblika padavinske cone, ki nastane ob frontah ali nevihtah

páleoklimatologíja -e ž veda, ki proučuje klimo preteklih geoloških obdobij in vzroke za njene spremembe

pánnus -a [panus] m (krat. pan) razcefrani cunji podoben oblak pod kakim oblakom; sin. cunjasti oblak

parámeter -tra m spremenljivka, ki

ima v določeni funkcijski povezavi poseben pomen

Coriolisov p. [koriolisov], ki določa velikost Coriolisove sile v odvisnosti od geografske širine

meteorološki p. splošna, glede na definicijo pojma parameter včasih neustrezna oznaka za kako meteorološko količino

p. hrapavosti parameter, ki določa vpliv različno hrapavih tal na zračni tok nad tlemi

Rossbyjev p. [rozbijev] odvod Coriolisovega parametra po geografski širini, ki določa dinamični vpliv na stabilnost splošne cirkulacije ozračja

parametrizácija -e ž vključevanje vpliva kake količine na poenostavljen način

pás -ú m podolgovato območje česa, npr. padavinski pas

intertropski konvergentni p. območje ob termičnem ekvatorju, na katerem se pri tleh steka zrak z obeh polobel

klimatski p. s približno enako klimo

pasát -a m veter pri tleh ob intertropski konvergentni coni, ki piha na severni polobli od severovzhoda, na južni pa od jugovzhoda; sin. ekvatorialni vzhodnik 2

pásji dnévi -ih dní m mn. 1. poljud. obdobje največje poletne vročine 2. po pratiki: čas, ko je Sonce v znamenju Leva

periódičnost -i ž lastnost, da se kaj v času ali prostoru ponavlja v enakomernih presledkih

perlúcidus -a m (krat. pe) oblak, pri katerem je nebo vidno med posameznimi deli oblakov

permafróst -a m polarno območje, ki ima v globini stalno zmrznjena tla

persisténca -e ž vztrajanje obstoječega stanja, npr. vremena

píleus -a m (krat. pil) bel oblak v obliki pokrivala ob vrhu kopastega oblaka

pilótbalón -a m neustr. pilotažni balon, gl. balon

piranométer -tra m naprava za merjenje sončnega sevanja, ki prihaja iz polprostora

pirgeométer -tra m naprava za merjenje dolgovalovnega (zemeljskega) sevanja, ki prihaja iz polprostora

pirheliométer -tra m naprava za merjenje direktnega sončnega sevanja iz majhnega prostorskega kota

pirradiométer -tra m naprava za merjenje sevanja, ki prihaja iz polprostora

neto p., ki meri razlike v prihajajočem sevanju iz dveh nasprotnih polprostorov, npr. od zgoraj in od spodaj

píš -a m kratkotrajen, navadno močen, slišen veter

lavinski p., ki ga povzroči snežni plaz s tem, da s seboj potegne tudi zrak

nevihtni p., ki ga povzročijo padavine ob nevihti

plást -í ž del prostora, ki ima eno dimenzijo znatno manjšo od drugih dveh

atmosferska p. plast, ki je pretežno vodoravna in velja za del atmosfere

brezdivergentna p., v kateri je

divergenca toka zanemarljivo majhna

Ekmannova *p.*, [ekmanova], v kateri veter prehaja od vrednosti pri tleh po Ekmannovi spirali do vrednosti v prosti atmosferi; sin. spiralna plast

izotermna p. plast zraka, v kateri je temperatura povsod enaka

labilna p., v kateri je zrak hidrostatično nestabilen ali v kateri je tok zraka nestabilen na kak drug način

mejna p., v kateri kake lastnosti prehajajo od tistih, ki so na eni strani, k tistim, ki so na drugi strani te plasti

najvažnejša oblačna p. 1. oblačna plast, ki je najpomembnejša za varnost letalskega prometa; prim. najpomembnejši oblak, gl. oblak 2. element meteorološke depeše

oblačna p., ki jo tvorijo oblaki in dajejo videz plasti

planetarna mejna p. spodnja plast ozračja, v kateri je še občuten vpliv tal na dogajanja v njej

p. mešanja plast, ki sega od tal do višine, do katere je ozračje nevtralno stabilno

p. trenja prizemna plast zraka, v kateri trenje bistveno vpliva na tok zraka

prizemna p. 1. plast, ki je blizu tal 2. spodnji del planetarne mejne plasti, v kateri je vpliv tal na dogajanja v ozračju značilen

spiralna p. gl. Ekmannova plast

stabilna p., v kateri je zrak hidrostatično stabilen ali v kateri je tok zraka stabilen

turbulentna p., v kateri prevladuje turbulentni način gibanja

zaporna p., ki preprečuje navpično izmenjavo zraka oziroma konvekcijo in je navadno močna temperaturna inverzija

zračna p., ki je določena po kakih lastnostih zraka

pláz -ú m gmota snovi, ki se na pobočju odtrga od celote in zdrsne navzdol, npr. snežni plaz

plíma -e ž dviganje morske gladine zaradi privlačnosti Lune in Sonca; ant. oseka; prim. plimovanje

atmosferska p. pojav v ozračju, podoben pojavu na morju, pri katerem sodeluje še termalni vpliv sonca

viharna p. nenavadno visoka gladina morja ob viharju zaradi sovplivov polja pritiska, vetrov, nihanja gladine

plimovánje -a s izmenično pojavljanje plime in oseke

p. ozračja plimovanje, ki se odraža v dnevnih periodičnih spremembah zračnega tlaka

plín -a m snov v takem agregatnem stanju, v katerem ima glede na kapljevino ali trdno snov majhno gostoto in ko ne tvori površine

atmosferski p. 1. posamični plin, ki se nahaja v ozračju 2. raba v mn. plini, ki sestavljajo ozračje

dimni p. raba v mn. plini, ki nastajajo pri zgorevanju

idealni p., v katerem je notranja energija odvisna samo od temperature in za katerega velja plinska enačba stanja

inertni p., ki kemijsko nerad reagira z drugimi snovmi

izpušni p., ki izhaja iz izpuhov motorjev z notranjim zgorevanjem ali iz ventilacij

škodljivi *p.*, ki ima škodljiv uči-
nek na organizme ali objekte

žlahtni *p.*, ki kemijsko ne reagira
in je element ničelne skupine
periodnega sistema elementov

plôha -e *ž* kratkotrajna padavina
iz konvektivnih oblakov

dežna *p.*, ki pade v obliki dežja

snežna *p.*, ki pade v obliki snega

plôskev -kve *ž* dvodimenzionalna
geometrijska tvorba v prostoru,
določena z vrednostjo kake koli-
čine v odvisnosti od dveh neod-
visnih spremenljivk

diskontinuitetna *p.*, na kateri se
kaka lastnost z ene strani plo-
skve na drugo stran skokovito
spremeni

ekvidistantna *p.*, ki velja za
enake razdalje

ekvipotencialna *p.*, ki velja za
enak potencial, npr. geopoten-
cial, potencialna temperatura

frontalna *p.*, ki jo določa položaj
fronte v prostoru in je idealiza-
cija frontalne cone

izentropna *p.*, ki velja za enako
entropijo

izobarna *p.*, ki velja za enak
zračni pritisk; prim. ploskev priti-
ska oziroma ploskev tlaka

izosterna *p.*, ki velja za enak
specifični volumen

izotermna *p.*, ki velja za enako
temperaturo

mejna *p.*, na kateri je meja kake
lastnosti

p. **pritiska** ploskev, ki je določena
s konstantnim pritiskom; sin.
ploskev tlaka; prim. izobarna
ploskev

p. **tlaka** ploskev, ki je določena s

konstantnim tlakom; sin. ploskev
pritiska; prim. izobarna ploskev

standardna *p.* **pritiska** mednarod-
no določene ploskve pritiska, in
sicer: 1000, 850, 700, 500, 300,
250, 200, 150 in 100 hPa; sin.
standardna ploskev tlaka

standardna *p.* **tlaka** mednarodno
določene ploskve pritiska, in
sicer: 1000, 850, 700, 500, 300,
250, 200, 150 in 100 hPa; sin.
standardna ploskev pritiska

plúndra -e *ž* sin. snežna brozga, gl.
snežen

pluviográf -a m gl. ombrograf

pluviométer -tra m gl. ombrometer

podátek -tka m informacija o vred-
nosti kake količine ali pojava

izmerjeni *p.*, ki je pridobljen z
merjenjem

izvedeni *p.*, ki je pridobljen s
kako metodo, npr. računsko, iz
drugih podatkov

klimatski *p.*, ki je del informacije
o klimi

kontrolirani *p.*, ki je na kak
način preverjen

korigirani *p.*, ki je na kak način
popravljen

meteorološki *p.* 1. podatek, ki se
nanaša na meteorološko količino
ali pojav, npr. podatek o tempe-
raturi, vlažnosti 2. raba v mn. poda-
tki, ki kot celota omogočajo
pregled nad vremenom ali
klimo

p. **osnovne mreže** podatek, ki je
pridobljen v osnovni mreži
meteoroloških postaj

radarski *p.*, ki je pridobljen z
radarjem

satelitski *p.*, ki je pridobljen s
satelita

vremenski p., ki je del informacije
o vremenu

podnében -bna -o gl. klimatski

podnébje -a s značilnosti vremena
nad kakim območjem v daljšem
obdobju (praviloma 30 let); sin.
klima

podnévi prisl. v času svetlobe od
sončnega vzhoda do sončnega
zahoda; sin. dan 3; prim. dolžina
dneva 1, gl. dolžina

podóbnost -i ž stanje, ko se stvari
ali dogajanja med seboj ujemajo
po kakih lastnostih, npr. od
primera do primera ali tiste v
naravi nasproti tistim v modelu

dinamična p., ki velja za razmerja
sil

geometrijska p., ki velja za geo-
metrijske lastnosti

p. Kolomogorova podobnost, ki
velja za nekatere lastnosti
turbulentnega toka

p. Monina in Obuhova podobnost,
ki velja za značilnosti turbu-
lentnega toka zraka pri tleh

Rossbyjeva p. [rozbijeva], ki velja
za lastnosti, ki jih določata
vpliv tal in hitrost prizemnega
geostrofskega vetra

pòdtlák -a m tlak, ki je manjši od
tlaka v okolici

pòdvŕsta -e ž klasifikacijska kate-
gorija pojavov, nižja od vrste

p. oblakov tretja stopnja klasifi-
kacije oblakov po značilnostih;
prim. prilogo o klasifikaciji obla-
kov

poglábljanje ciklóna -a -- s zniže-
vanje pritiska v območju ciklo-
na in s tem njegova krepitev

pogòj -ója m kar je treba upošteva-
ti ali uresničiti, da se omogoči
uresničitev česa drugega

dinamični robni p. robni pogoj, ki
velja za sile na robu območja

kinematični robni p. robni pogoj,
ki velja za gibanje na robu
območja

letališčni mejni p. pogoj, ki pred-
pisuje najslabše vremenske
razmere na kakem letališču, v
katerih je še dovoljeno vzletanje
oziroma pristajanje letal

robni p., ki velja na robu območja
in soodloča o razmerah ali doga-
janjih na obravnavanem območ-
ju, predvsem v zvezi z reševa-
njem enačb, ki opisujejo raz-
mere ali dogajanja

pogóstnost -i ž število ponovitev
dogodka ali pojava v časovni
enoti ali število dogodkov ali
pojavov v določenem veliko-
stnem razredu; sin. frekvenca 1

pojàv -áva m zaznavno dogajanje
ali stanje v atmosferi

atmosferski p., ki je v atmosferi;
sin. meteorološki pojav 2

Dopplerjev p. [doplerjev] spre-
memba frekvence sprejetega
valovanja zaradi gibanja od-
dajnika ali sprejemnika

električni p., ki je v zvezi z atmo-
sfersko elektriko ali elektro-
magnetnim valovanjem

klasifikacija p. gl. klasifikacija

meteorološki p. 1. pojav, odvisen
od stanja v atmosferi in na
njenih mejah; prim. prilogo o kla-
sifikaciji hidrometeorjev 2. gl.
atmosferski pojav

optični p., ki je v zvezi s svetlobo
v ozračju

vremenski p., ki je v zvezi s stanjem vremena; prim. prilogo o klasifikaciji hidrometeorjev

polárni síj -ega -a m svetloba v visokih plasteh ozračja, ki nastane pri trkih delcev s Sonca z molekulami sestavin zraka

polédica -e ž gladka trda plast ledu na tleh, ki nastane z zmrzovanjem podhlajenih kapelj pri pršenju ali dežju; prim. žled

polétje -a s najtoplejši del leta, ki je med pomladjo in jesenjo

astronomsko p., ki se na severni polobli začne ob poletnem solsticiju in se konča ob jesenskem enakonočju

meteorološko p., ki traja v zmernih geografskih širinah severne poloble od 1. junija do 1. septembra

poliméter -tra m higrometer s termometrom in dodatno skalo za določanje rosišča

pólje -a s del prostora, v katerem ima kaka količina v vsaki točki določeno vrednost, npr. polje zračnega pritiska ali tlaka, temperaturno polje

brezgradientno p., v katerem je gradient zanemarljivo majhen

deformacijsko p. z izrazito deformacijo oziroma s striženji v toku

frontogenetično p., v katerem je os dilatacije približno vzporedna z izotermami

frontolitično p., v katerem je os kontrakcije približno vzporedna z izotermami

konvergentno p. z izrazitim stekanjem toka

pólnjenje ciklóna -a -- s zviševanje pritiska v območju ciklona in s tem njegova slabitev

pólóbla -e ž polovica zemeljske oble; sin. hemisfera

polutánt -a m primes, ki onesnažuje zrak; prim. onesnaževalec zraka

primarni p., ki je v obliki, v kateri prihaja iz vira onesnaževanja

sekundarni p., ki nastane s pretvorbo v ozračju

pomlád -i ž del leta med zimo in poletjem

astronomska p., ki se na severni polobli začne ob pomladanskem enakonočju in se konča ob poletnem solsticiju

meteorološka p., ki traja v zmernih geografskih širinah severne poloble od 1. marca do 1. junija

ponôči prisl. v času teme od sončnega zahoda do sončnega vzhoda; sin. noč; prim. dolžina noči, gl. dolžina

pooblačítev -tve ž nastanek ali povečanje oblačnosti

porába vôde -e -- ž količina površinske in talne vode, ki je potrebna za rast rastlin in evaporacijo s porasle površine

porazdelítev -tve ž zastopanost kake količine glede na lokacijo, velikost ali na kak drug način

časovna p., ki je narejena glede na čas

horizontalna p., ki je narejena glede na lego v vodoravni ravnini

p. po smeri porazdelitev, ki je narejena glede na smer neba

prostorska p., ki je narejena glede na lego v prostoru

vertikalna p., ki je narejena glede na višino

poročílo -a ş informacija o meteo-
roloških razmerah

letno p., ki se nanaša na obdobje
enega leta

mesečno p., ki se nanaša na ob-
dobje enega meseca

vremensko p. predstavitev aktu-
alnih vremenskih podatkov v
dogovorjeni obliki

posípanje obláka -a -- ş vnos ke-
mičnih sredstev v oblak

posóda A -e -- i naprava za merje-
nje izhlapevanja v obliki okrog-
le posode s premerom 1,2 metra

pospéšek -ška m sprememba hitros-
ti na časovno enoto

gravitacijski p., ki je posledica
delovanja   gravitacijske   sile
Zemlje

težnostni p., ki je posledica gravi-
tacije in vrtenja Zemlje

postája -e i mesto z ustreznimi
napravami, kjer se opravljajo
meteorološka, klimatološka ali
fenološka opazovanja

avtomatska   meteorološka   p.
skupek   elektronskih   naprav,
kjer se opravljajo meteorološke
meritve samodejno

dopolnilna (meteorološka) p.
meteorološka postaja, ki je za
določen čas ali namen dodana
redni mreži meteoroloških po-
staj

ekološko-meteorološka p., kjer se
poleg meteoroloških količin meri
onesnaženost zraka

fenološka p. meteorološka postaja,
kjer se opravljajo fenološka
opazovanja

glavna meteorološka p. meteoro-
loška postaja, s katere se poši-
ljajo depeše v predpisanih ter-

minih, ki so enaki za vse take
postaje na svetu; sin. sinoptična
postaja

javljajoča (meteorološka) p. na-
vadna meteorološka postaja, s
katere se pošiljajo depeše o
opazovanjih

klimatološka p. gl. navadna mete-
orološka postaja

lavinska p. za opazovanje snega
in snežnih padavin

meteorološka p. in *(meteorološka)
p.* za merjenje in opazovanje
količin in pojavov v atmosferi

navadna meteorološka p. meteoro-
loška postaja, na kateri se bele-
ži stanje ob klimatskih termi-
nih; sin. klimatološka postaja

padavinska p. meteorološka posta-
ja, na kateri se beležijo padavi-
ne in pojavi

posebna (meteorološka) p. meteo-
rološka postaja, ki je prirejena
za posebna opazovanja

radarska (meteorološka) p. meteo-
rološka postaja, ki je opremlje-
na z meteorološkim radarjem

radiosondna (meteorološka) p.
meteorološka postaja, na kateri
se opravljajo radiosondažne
meritve

sinoptična p. gl. glavna meteoro-
loška postaja

visokogorska (meteorološka) p.
meteorološka postaja, ki ima
nadmorsko višino nad 1500 m

višinska (meteorološka) p. meteo-
rološka postaja, ki ima nadmor-
sko višino med 700 in 1500 m

pót -í i razdalja, ki jo kaj preide

p. ciklona trajektorija gibanja
središča ciklona

p. mešanja povprečni premer

vrtincev pri obravnavi turbulence oziroma razdalja, na kateri izmenja del zraka svoje lastnosti z okolico

p. vetra integral hitrosti vetra v določenem časovnem intervalu

potèk s čásom -éka s -- m vrednost kakega meteorološkega elementa ali pojava kot funkcija časa

potenciál -a m 1. funkcija položaja v kakem polju, npr. geopotencial 2. zaloga vrednosti kake količine, npr. emisijski potencial, vodni potencial tal

potenciálna evapotranspirácija -e -e *i* gl. evapotranspiracija

pótnica -e *i* krivulja, ki kaže pot gibajočega se delca; sin. trajektorija

povpréčje -a s vrednost, dobljena s seštevanjem vrednosti vseh elementov, deljena s številom teh elementov; sin. povprečna vrednost

dolgoletno p., ki je izračunano na podlagi večletnih meritev, npr. 30-letno povprečje

drseče p. niz povprečnih vrednosti, dobljen iz povprečij enakih delov osnovnega niza, vsakokrat premaknjenega za izbrano vrednost (predstavlja zglajen potek)

večletno p., ki je izračunano na podlagi nekajletnih meritev

površína -e *i* zunanja oziroma vrhnja meja telesa

kopna p., 1. površina kopnega dela zemeljskega površja 2. površina tal brez snežne odeje

vodna p. površina morij, jezer, rek

površínski odtòk -ega -óka m del padavin, ki odteka po površini tal

pozéba -e *i* poškodba rastlin zaradi nizkih temperatur

črna p., ki nastane na rastlinah zaradi nizkih temperatur, brez pojava slane

požléd -a m gl. žled

praecipitátio -a [precipitacio] m (krat. pra) oblak s padavinskim pramenom, ki doseže tla

pràg prága m določena mejna vrednost česa

p. občutljivosti instrumenta najnižja vrednost, pri kateri instrument zanesljivo reagira oziroma meri

temperaturni p. temperatura (ali temperaturna vsota), pri kateri se kaj prične, npr. kaka fenološka faza, ogrevanje stanovanj

práh -ú m anorganska trdna sestavina aerosola

oblak p. oblak, ki je na satelitski sliki podoben cirrusu, vendar je sestavljen iz prahu, ki v prizemni plasti povzroča motnost zraka

usedlina p. primesi iz zraka, ki so odložene na horizontalno ploskev; sin. depozit

prámen -éna m daljše in ožje območje kakega pojava, ki se lahko tudi giblje, npr. pramen dežja, dima, pramen delcev aerosola

p. zarje raba v mn. pasovi rdečkaste svetlobe od horizonta navzgor

predikánt -a m količina, ki se napoveduje

predíktor -ja m količina, na osnovi katere se napoveduje

prenasíčenost -i *i* neravnotežno

stanje v ozračju, ko je vlažnost večja od nasičene vlažnosti

prenòs podátkov -ôsa -- m posredovanje meteoroloških informacij na razdaljo

prepústnost -i i **1.** lastnost snovi, da prepušča kako sevanje ali tekočino **2.** razmerje med skozi snov prepuščenim in vpadlim sevanjem; sin. transmisivnost

p. tal količina padavinske vode, ki pronikne skozi tla na časovno in površinsko enoto; sin. infiltracija

prepúščanje -a s **1.** prehajanje tekočine skozi porozen material **2.** prehajanje sevanja skozi kako snov; sin. transmisija

presèk atmosfêre -éka -- m grafična predstavitev polj količin v navpični ravnini, ki določajo stanje atmosfere

preséžek padavín -žka -- m **1.** količina padavin, ki je dalj časa nad povprečjem **2.** količina padavin, ki je večja od izhlapevanja in odtoka

pretòk -óka m usmerjeno gibanje kake količine skozi določen presek, npr. molekularni pretok, turbulentni pretok; sin. fluks

koeficient p. sorazmernostni faktor med pretokom in razliko oziroma gradientom količine, ki ta pretok določa

prevetrênost -i i kvalitativna lastnost kake lokacije glede na veter

prevódnost -i i **1.** lastnost snovi, da prevaja kako količino **2.** mera jakosti prevajanja

električna p. razmerje med gosto-to električnega toka in gradientom električnega potenciala

toplotna p. razmerje med gostoto toplotnega toka in gradientom temperature

priblížek -žka m približna ocenitev vrednosti ali pomembnosti kake količine; sin. aproksimacija

prilagájanje -a s proces vzpostavljanja ravnotežnega stanja

geostrofsko p., ki teži h geostrofskemu ravnotežju

hidrostatično p., ki teži k hidrostatičnemu ravnotežju

primanjkljáj -a m količina, ki je v daljšem obdobju manjša od povprečja ali količina, ki je manjša od postavljene, optimalne ali kake druge vrednosti; sin. deficit

primés -í i manj izdatna dodatna sestavina zraka, npr. aerosol, izpušni plin; prim. polutant

prirejêna bárva -e -e i barva po pretvorbi slik, dobljenih v nevidnem delu spektra

pritísk -a m velikost pravokotne komponente sile na ploskovno enoto; sin. tlak

delni p. pritisk posameznega plina v mešanici plinov; sin. delni tlak

gradient p. gl. gradient

nasičeni parni p. ravnotežni parni pritisk pri nasičeni vlažnosti; sin. nasičeni parni tlak

normalni zračni p. zračni pritisk na morskem nivoju po standardni atmosferi, ki je 1013,25 hPa; sin. normalni zračni tlak

parni p. delni pritisk vodne pare; sin. parni tlak

ploskev p. gl. ploskev

tendenca p. gl. tendenca

zastojni p. povečani pritisk pri zastajanju zračnega toka pred oviro; sin. zastojni tlak

zračni p., ki je posledica teže ozračja; sin. zračni tlak

procés -a m med seboj povezani pojavi, ki se vrstijo v času po zakonitostih v ozračju

adiabatni p., ki poteka brez izmenjave toplote z okolico; sin. izentropni proces; ant. diabatni proces

diabatni p., ki poteka z izmenjavo toplote z okolico; ant. adiabatni proces

izentropni p. gl. adiabatni proces

izotermni p., ki poteka pri konstantni temperaturi (podobno za druge količine s konstantno vrednostjo)

lokalni p., ki je omejen na kako lokacijo

nasičenoadiabatni p., ki velja za nasičen vlažni zrak

podmrežni p., ki ima značilne dimenzije, manjše od mreže opazovanja, računske mreže ipd.

psevdoadiabatni p. neustr., gl. nasičenoadiabatni proces

suhoadiabatni p., ki velja za suh ali nenasičen vlažni zrak

vremenski p., ki se nanaša na vreme

prodòr -ôra m izrazito napredovanje določene zračne mase nad kako območje

p. hladnega zraka prodor hladne zračne mase

p. toplega zraka prodor tople zračne mase

profíl -a m spreminjanje kake količine z višino, npr. temperaturni profil, profil vetra

Deaconov p. [dikonov] profil vetra

pri poljubnem temperaturnem gradientu

logaritemski p. profil vetra pri tleh v nevtralo stabilni atmosferi

prognóstik -a m meteorolog, ki napoveduje vreme po znanstveni metodi

prognóza -e ž gl. napoved

prognozírati -am nedov. gl. napovedovati

pronícanje -a s 1. prehajanje vode skozi porozno snov
2. količina padavin, ki skozi rastlinsko odejo dosega zemeljsko površino

prosójnost -i ž lastnost, da kaka snov prepušča sipano svetlobo; prim. prozornost

prostorína -e ž velikost prostora; sin. volumen

p. kotlinske atmosfere prostornina, ki je omejena s topografijo kotline in temperaturno inverzijo

specifična p., ki jo zavzema masa 1 kg snovi, npr. zraka

prozórnost -i ž lastnost, da kaka snov nemoteno prepušča svetlobo oziroma sevanje; ant. neprozornost; prim. prosojnost

pŕšec -šca m vodne kapljice, ki jih veter dvigne z vodnih površin in jih nosi na manjše razdalje

pršênje -a s enakomerno padanje vodnih kapelj s premerom od 0,2 do 0,5 mm; sin. rosenje

podhlajeno p. s podhlajenimi kapljami

pršìč -íča m suh, droben, nesprijet sneg

pršíti, zlasti v 3. os. ed. sedanjika; prší, padati iz oblakov v obliki vodnih kapelj s premerom od 0,2 do 0,5 mm; sin. rositi

psévdoadiabáta -e ž neustr. nasičena adiabata, gl. adiabata

psihrométer -tra m naprava za določanje vlage s suhim in mokrim termometrom

aspiracijski p. pri katerem so termometri ventilirani

Assmannov p. [asmanov] aspiracijski psihrometer s kovinsko kromirano zaščito pred vplivi sevanja

vrteni p., pri katerem se doseže obtekanje zraka z ročnim vrtenjem termometrov

R

rádar -ja m elektronska naprava za opazovanje, ki oddaja in sprejema odbito elektromagnetno valovanje

Dopplerjev r. [doplerjev], ki meri hitrost približevanja objekta na osnovi Dopplerjevega pojava

doseg r. največja oddaljenost, do katere je radar uporaben za kak namen

dvovalovni r., ki deluje na dveh valovnih dolžinah

laserski r., ki deluje na lasersko svetlobo; sin. lidar

meteorološki r., ki se uporablja za meteorološka opazovanja; sin. vremenski radar

vremenski r. gl. meteorološki radar

zvočni r., ki deluje s pomočjo zvočnega valovanja; sin. sodar

rádarska votlína -e -e ž po videzu zelo temen del prostora pri bazi nevihtnega oblaka, v katerem je veliko drobnih kapljic, ki se na radarju zaradi majhnosti ne vidijo

radiácija -e ž gl. sevanje 1

radiátus -a m (krat. ra) oblak v obliki pramenov, pri katerem je zaradi perspektive videti, da prameni izhajajo iz ene točke

rádioaktívnost -i ž pojav, pri katerem samemu sebi prepuščena atomska jedra oddajajo žarke (alfa, beta, gama)

naravna r., pri kateri so neobstojni elementi v naravi

umetna r., 1. radioaktivnost neobstojnih elementov, ki so produkti jedrskih reakcij 2. radioaktivnost umetno koncentriranih radioaktivnih snovi

radiométer -tra m naprava za merjenje sevanja

rádiosónda -e ž naprava, privezana na radiosondni balon, ki opravlja meteorološke meritve pri dviganju skozi atmosfero in sproti radijsko sporoča podatke

rakéta -e ž izstrelek, ki ga potiskajo reaktivno delujoči plini

r. proti toči raketa za vnos reagenta v oblake pri obrambi pred točo

sondirna r. za meteorološke meritve v visokih plasteh ozračja

rástna dôba -e -e *ž* obdobje v letu, v katerem je temperatura zraka tako visoka, da omogoča rast rastlin

dolžina r. d. število dni med povprečno zadnjo spomladansko slano in povprečno prvo jesensko slano

ravnotéžje -a *s* stanje, v katerem je vsota zunanjih vplivov enaka nič; sin. ravnovesje

geostrofsko r., ki nastane med deviacijsko silo in silo horizontalnega gradienta zračnega pritiska

hidrostatično r., ki nastane med silo teže in silo vertikalnega gradienta zračnega pritiska

sevalno r., ki nastane med sprejetim in oddanim sevanjem

ravnovésje -a *s* gl. ravnotežje

razčlenítev -tve *ž* postopek, pri katerem se kak proces, pojav, funkcija, pojem ali snov razčleni ali razstavi na elementarne sestavine; sin. analiza

razelektrítev -tve *ž* pojav, da se z električnim tokom izravnajo razlike električnega potenciala; prim. strela

razjasnítev -tve *ž* neustr., gl. zjasnitev

razkròj -ôja *m* postopno prenehanje oziroma razblinjenje kakega pojava, npr. razkroj megle, razkroj oblačnosti; sin. disipacija

razletávanje -a *s* pojav, da delci v oblaku razpadejo na več manjših

razmérje -a *s* kvocient oziroma mera relativne zastopanosti dveh količin, ki imata kaj skupnega

Bowenovo r. [bovenovo], ki je med tokom zaznavne in tokom latentne toplote

r. mešanosti 1. razmerje med maso vodne pare in maso suhega zraka 2. razmerje mas v mešanici dveh količin

razpòn -ôna *m* razlika med najnižjo in najvišjo vrednostjo v hodu kake količine; sin. amplituda 2

rázred šírjenja -éda -- *m,* raba v mn. razredi za določanje stanja atmosfere glede na izdatnost turbulentne difuzije

raztájati (se) -am (se) dov. spremeniti (se) iz trdnega v tekoče agregatno stanje; sin. stajati (se)

raztopíti (se) -ím (se) dov. zmešati topljenec v topilu, npr. aerosol v kapljicah vode

redúkcija -e *ž* računska operacija, ki omogoča primerjavo vrednosti pri drugačnih pogojih

r. niza podatkov neustr. dopolnitev niza podatkov, gl. niz podatkov

r. zračnega pritiska redukcija, ki omogoča primerjavo različnih izmerjenih vrednosti zračnega pritiska, npr. redukcija zračnega pritiska na 0 °C, redukcija zračnega pritiska na standardno težnost, redukcija zračnega pritiska na standardni, največkrat morski nivo; sin. redukcija zračnega tlaka

r. zračnega tlaka redukcija, ki omogoča primerjavo različnih izmerjenih vrednosti zračnega tlaka, npr. redukcija zračnega tlaka na 0 °C, redukcija zračnega tlaka na standardno težnost, redukcija zračnega tlaka na standardni, največkrat morski nivo; sin. redukcija zračnega pritiska

referénčno léto -ega -a s leto, predstavljeno z značilnimi poteki skupine meteoroloških količin (posebej izbrano za kako uporabo)

refleksíja -e ž gl. odboj

refleksívnost -i ž gl. odbojnost

refrákcija -e ž lom ali odklon žarka pri prehodu skozi meje snovi ali skozi snov spremenljive gostote, npr. atmosfero različne gostote

astronomska r., ki nastane pri prehodu žarka iz vesolja skozi zemeljsko ozračje

zemeljska r., ki nastane pri prehodu žarka z Zemlje skozi različno goste plasti ozračja

regenerácija -e ž ponovna oživitev, obnovitev kakega meteorološkega pojava, npr. regeneracija ciklona, megle, nevihte

registrácija -e ž sprotni zapis izmerjenih vrednosti kake količine

registrírni trák -ega -ú m papir za registracijo

registrírni válj -ega -a m del registrirnega instrumenta, na katerega se namesti registrirni trak ali papir

reprezentatívnost -i ž tipičnost kake količine ali skupine informacij, npr. reprezentativnost podatkov, reprezentativnost postaje

reténcija -e ž delež padavin, ki ostane v tleh

retencíjska kapacitéta -e -e ž največji volumski odstotek vode, ki ga vzorec tal zadrži; sin. maksimalna vodnost tal

ród -ú m najvišja klasifikacijska kategorija pojavov

r. oblakov prva stopnja klasifikacije oblakov po značilnostih; prim. prilogo o klasifikaciji oblakov

rôsa -e ž vodne kapljice, ki se s kondenzacijo vodne pare iz zraka izločijo na tla ali predmete

advektivna r., ki nastane zaradi advekcije vlažnejšega in relativno toplejšega zraka

zmrznjena r., ki zmrzne

rosênje -a s gl. pršenje

rosíšče -a s ustrezno nižja temperatura, pri kateri postane vlažni zrak s količino vlage, ki jo ima, nasičen; sin. temperatura rosišča

depresija r. razlika med temperaturo zraka in rosiščem

rosíti, zlasti v 3. os. ed. sedanjika: rosí, gl. pršiti

rosomér -a m naprava za merjenje količine rose

rótor -ja m 1. matematični vektorski operator
2. vrtinčni pojav v zračnem toku, ki nastane za kako oviro

róža -e ž prikaz kake količine glede na strani neba

padavinska r., ki kaže količine padavin ob vetru iz določenih smeri

vetrovna r., ki kaže pogostnost pojavljanja vetra iz določenih smeri

S

sápica -e ž stanje ozračja z rahlo zaznavnim vetrom z jakostjo 1 beauforta, pri katerem se dim dviga malo postrani, na morju pa so drobni valčki; prim. prilogo o vetrovih

satelít -a m 1. nebesno telo, ki kroži okrog kakega planeta 2. naprava, ki kroži v orbiti okoli Zemlje

geostacionarni s. naprava, ki kroži na višini približno 36000 km nad zemljo z enako kotno hitrostjo kot se vrti Zemlja in daje videz kot da stacionira nad ekvatorjem

meteorološki s. naprava, ki meri in posreduje meteorološke podatke iz orbite okrog Zemlje; sin. vremenski satelit

polarno-orbitalni s. naprava, ki kroži preko polov na višini nekaj sto kilometrov

vremenski s. gl. meteorološki satelit

scintilácija -e ž neustr., gl. migotanje

sêdlo -a s značilna točka v dvodimenzionalnem polju, okoli katere ima ploskev obliko konjskega sedla

séktor ciklóna -ja -- m del ciklona, ki je oddeljen s frontama, npr. topli sektor ciklona

sénzor -ja m gl. tipalo

separácija -e ž pojav, pri katerem se tok odlepi od konveksne ploskve

séša -e ž velika nihanja gladine morja v zalivih zaradi vetra, zračnega pritiska

sévanje -a s 1. oddajanje energije z elektromagnetnim valovanjem ali z delci; bolje: izsevanje; sin. radiacija

Sončevo s. gl. sončno sevanje

sončno s., ki prihaja od Sonca; sin. Sončevo sevanje; prim. kratkovalovno sevanje

terestrično s. sevanje ozračja oziroma zemeljske površine; prim. dolgovalovno sevanje 2. gostota toka elektromagnetnega valovanja ali delcev, ki se širi v prostor

difuzno s. del (sončnega) sevanja, ki se siplje v ozračju

direktno s. del (sončnega) sevanja, ki se pri prehodu skozi ozračje niti ne siplje niti ne odbije

dolgovalovno s. z valovno dolžino med 3 in ca. 100 mikrometri; prim. terestrično sevanje

infrardeče s. z valovno dolžino med 0,7 in ca. 100 mikrometri

korpuskularno s. pretežno z delci

kozmično s. korpuskularno sevanje, ki izvira iz vesolja in je zelo prodorno

kratkovalovno s. z valovno dolžino med 0,2 in 3 mikrometri

neto s. 1. razlika med sprejetim in oddanim sevanjem 2. razlika med sevanjem iz nasprotnih smeri *odbito s.*, ki se odbije od snovi

radioaktivno s., ki nastane pri jedrskih reakcijah ali pri naravnem razpadu jeder

ultravijolično s. z valovno dolžino med 0,01 in 0,4 mikrometra

séver -a m 1. stran neba proti severnemu polu 2. veter, ki piha iz te smeri

severovzhódnik -a m veter, ki piha s severovzhoda

severozahódnik -a m veter, ki piha s severozahoda

sfêrik -a m del elektromagnetnega valovanja, ki ga povzročajo oddaljene nevihte

shéma -e ž 1. sistematičen prikaz elementov celote in njihovih medsebojnih odvisnosti 2. računski postopek pri numeričnem reševanju diferencialnih enačb, npr. implicitna shema, preskočna shema

síla -e ž vektorska količina, ki meri medsebojni vpliv dveh teles

centrifugalna s., ki deluje radialno v vrtečem se sistemu

Coriolisova s. [koriolisova] gl. deviacijska sila

deviacijska s., ki deluje prečno na gibanje v vrtečem se sistemu, npr. na Zemlji; sin. Coriolisova sila, odklonska sila

gradientna s., ki nastane zaradi gradienta zračnega pritiska

inercijska s., ki je posledica načina obravnave gibanja v pospešeno gibajočem se sistemu; sin. vztrajnostna sila

odklonska s. gl. deviacijska sila

s. teže sila, ki nastane zaradi težnostnega pospeška; sin. teža

s. trenja sila, ki nastane zaradi relativnega gibanja in ga zavira; sin. trenje 2

strižna s., ki nastane zaradi trenja med zračnimi delci ali plastmi različnih hitrosti

vzgonska s., ki nastane zaradi razlik gostote v tekočini

vztrajnostna s. gl. inercijska sila

simból -a m dogovorjena črka, lik za označevanje meteoroloških pojavov ali količin; sin. znak

singularitéta -e ž pogosto pojavljanje kake vremenske značilnosti v določenih dneh v letu, npr. ledeni možje; sin. singularnost

singulárnost -i ž gl. singulariteta

sinóptika -e ž sin. sinoptična meteorologija, gl. meteorologija

sipálni presèk -ega -éka m namišljeni presek, ki ga elektromagnetnemu valovanju predstavlja kaka ovira in ki je lahko tudi drugačen od geometrijskega preseka ovire

Miev s. p. [mijev] sipalni presek delcev, ki so primerljivi z valovno dolžino vpadlega valovanja, npr. zrn toče za vpadle radarske valove

Rayleighov s. p. [rejlijev] sipalni presek delcev, ki so dosti manjši od valovne dolžine vpadlega valovanja, npr. molekul zraka za vpadlo svetlobo

sípanje -a s razpršitev sevanja, npr. svetlobe na molekulah plinov, kapljicah ali na aerosolu v zraku

Mievo s. [mijevo], ki nastane na delcih poljubne velikosti

Rayleighovo s. [rejlijevo], ki nastane na delcih, manjših od valovne dolžine *s. svetlobe* razpršitev svetlobe

sistém -a m **1.** skupina po izbranih načelih razporejenih procesov, pojavov, pojmov ali predmetov, ki sestavljajo zaključeno celoto

barični s. tvorba v polju zračnega pritiska, značilna po lokalno ekstremnih vrednostih zračnega tlaka

frontalni s., ki velja za dve fronti ali več

oblačni s. skupina oblakov, ki ima, npr. ob frontah, značilno obliko

padavinski s. oblika padavinske cone, ki nastane ob frontah ali nevihtah

vremenski s. obsežen skupek močno povezanih procesov in pojavov v atmosferi, npr. dolina, ciklon, hladna fronta **2.** način opisovanja zračnega oziroma tekočinskega toka

Eulerjev s. [ojlerjev], pri katerem je koordinatni sistem v prostoru stalen; sin. lokalni sistem

individualni s. gl. Lagrangeov sistem

Lagrangeov s. [lagranžev], pri katerem je koordinatni sistem vezan na gibajoči se tok; sin. individualni sistem

lokalni s. gl. Eulerjev sistem

skála -e ž **1.** dogovorjeno izhodišče in enota za merjenje kake količine; sin. lestvica

absolutna s. gl. Kelvinova skala

Beaufortova s. [boforova] (krat. Bf) za ocenjevanje jakosti vetra na podlagi učinkov v naravi; prim. prilogo o vetrovih

Celzijeva s. (znak °C) za merjenje temperature, ki ima ledišče vode pri 0 °C in vrelišče vode pri 100 °C

Fahrenheitova s. [farenhajtova] (znak °F) za merjenje temperature, ki ima ledišče vode pri 32 °F in vrelišče vode pri 212 °F

Kelvinova s. (znak K) za merjenje temperature, ki ima ledišče vode pri 273 K in vrelišče vode pri 373 K; sin. absolutna skala

Ringelmannova s. [ringəlmanova] za merjenje temnosti dima **2.** znaki na merilni napravi, ki določajo te enote **3.** značilna časovna ali prostorska stopnja velikosti pojava

časovna s., ki je določena glede na čas trajanja pojava

makrometeorološka s., s katero se ugotavlja razsežnost pojava nad 2000 km v prostoru; sin. sinoptična skala

mezometeorološka s., s katero se ugotavlja razsežnost pojava med 2 in 2000 km v prostoru

mikrometeorološka s., s katero se ugotavlja razsežnost pojava do 2 km v prostoru

prostorska s., ki je določena glede na prostor, ki ga zavzema kak pojav

sinoptična s. gl. makrometeorološka skala

s. turbulence značilna dolžina v turbulentnem gibanju, včasih značilen premer vrtincev

skalár -ja m sin. skalarna količina, gl. količina

skupína oblákov -e -- ž oblaki, združeni glede na kako skupno značilnost, npr. višino, nastanek

slabítev -tve ž **1.** pojemanje jakosti pojava ali njegovega obsega

2. zmanjševanje kake količine z razdaljo ali časom, npr. sončnega sevanja v atmosferi, v rastlinski odeji; sin. ekstinkcija

slána -e ž kristali ledu na tleh, ki nastanejo z depozicijo vodne pare iz zraka

advektivna s., ki nastane zaradi advekcije vlažnejšega in relativno toplejšega zraka

slíka -e ž upodobitev česa s tehničnimi pripomočki

faksimilna s. informacija, ki je prenesena na papir z opremo za daljinski prenos slik

infrardeča s., ki nastane na osnovi registrirane infrardeče svetlobe

radarska s., posneta z radarjem

satelitska s., posneta s satelita

s. sonca halu podoben pojav v obliki zelo svetle bele pege navpično pod soncem, viden pri pogledu z višine (iz letala, s hribov)

s. v vidnem spektru slika, ki nastane na osnovi registrirane vidne svetlobe

vremenska s. bolje: sinoptično stanje, gl. stanje

smér -í ž orientacijska lastnost vektorskih količin

anticiklonalna s. vrtenja vrtenje v smeri urnega kazalca na severni polobli; sin. negativna smer vrtenja; ant. ciklonalna smer vrtenja

ciklonalna s. vrtenja vrtenje v nasprotni smeri urnega kazalca na severni polobli; sin. pozitivna smer vrtenja; ant. anticiklonalna smer vrtenja

negativna s. vrtenja gl. antici-

klonalna smer vrtenja

pozitivna s. vrtenja gl. ciklonalna smer vrtenja

s. gibanja smer trenutne hitrosti

s. vetra smer, iz katere piha veter

s. vrtenja enotni vektor, ki je pravokoten na ravnino vrtenja in usmerjen po desnem pravilu

smerokàz vétra -áza -- m naprava, ki kaže smer vetra; prim. vetrokaz

smóg -a m zamegljenost ali megla, onesnažena s polutanti; prim. čad

fotokemični s., ki nastane pod vplivom sončne svetlobe

snég -á m **1.** padavine v obliki posamičnih ali sprijetih ledenih kristalčkov, pogosto zaivljenih in zato z zabrisanim kristalastim videzom; sin. snežne padavine

južni s. z veliko gostoto, ki pada v velikih kosmih

napihani s., ki ga nanese veter

novi s., ki zapade v času 12 oziroma 24 ur po zadnji meritvi; ant. stari sneg

plovni s. sin. globinski srež, gl. srež

puhasti s., ki ima zelo razvejene in rahle kosme pri temperaturi pod -10 °C

skorjasti s., ki je na površini pomrznjen ali poledenel z osrenico

s. z dežjem sneg, ki pada hkrati z dežjem

s. z ivjem sneg, pri katerem se je na površini nabralo ivje; sin. srež

stari s. **1.** sneg, ki zapade že pred zadnjo meritvijo; ant. novi sneg **2.** sneg, pri katerem se začne preobrazba in niso več razpoznavne oblike prvotnih kristalov *strjeni s.* 1. sneg, ki je uležan in prekristaliziran ter dobro sprijet 2. sneg s skorjo, ki se pod težo človeka ne predira; prim. sren

suhi s., v katerem ni tekoče vode

zrnati s. v obliki neprozornih ledenih delcev s premerom pod 1 mm
2. plast snega, ki pokriva tla; sin. snežna odeja

južni s. gost, moker sneg pri temperaturi zraka okoli 0 °C

uležani s., pri katerem se je proces prekristalizacije in sesedanja v glavnem že končal

zglajeni s. stisnjena gladka plast snega, navadno na vozišču

zmrznjeni s., ki se je pričel tajati in je ponovno zmrznil

zrnati s. uležana plast snega, ki jo podnevi sonce na površini zmehča

živi s., ki ga s tal dviga in nosi močen veter, npr. visoki živi sneg, nizki živi sneg

snegomér -a m naprava za merjenje višine snežne odeje

snéžen -žna -o ki se nanaša na sneg

snežna brozga mešanica snega in vode na tleh; sin. plundra

s. lisa raba v mn. s snegom le delno pokrita tla

s. odeja plast snega, ki pokriva tla; sin. sneg 2

s. ploha ploha, ki pade v obliki snega

s. sonda sonda, ki služi za merjenje debeline snežne odeje

snežne padavine gl. sneg 1

snežni kosem velik skupek snežink v zraku ob sneženju

s. metež in *metež* poljud. močnejše snéženje ob **močnem** vetru; prim. živi sneg, gl. sneg 2

s. zamet napihan sneg, ki zapade v relativnem zatišju navadno med sneženjem ob močnem vetru

snežênje -a s padanje snežink

meja s. nadmorska višina, nad katero sneži, pod njo pa dežuje

snežínka -e ž 1. heksagonalni ledeni kristal ploščate oblike
2. sprimek ledenih kristalov kot padavina

snežíšče -a s snežna odeja, ki se obdrži še pozno spomladi ali poleti

snežíti, zlasti v 3.os. ed. sedanjika: sneží, padati iz oblakov v obliki snežink

snéžna odéja -e -e ž plast snega, ki pokriva tla; sin. sneg 2

srenjenje s. o. povezovanje ledenih zrn v trdno snežno odejo

srežênje s. o. tvorjenje snežnih kristalov z depozicijo v snežni odeji, če je v njej vertikalni gradient temperature

zrnenje s. o. preoblikovanje razvejenih snežnih kristalov v okroglasta ledena zrna, če v snežni odeji ni gradienta temperature

snežníca -e ž 1. voda, ki nastane s talitvijo snega
2. voda, ki odteka izpod snežišča

snéžni kríž -ega -a m vložek, ki preprečuje, da bi veter odpihoval sneg iz dežemera

sódar -ja m sin. zvočni radar, gl. radar

sódra -e ž trde, prosojne ledene padavine kroglaste oblike s premerom do 5 mm, ki pri padcu na tla odskakujejo in se ne lomijo

solarigráf -a m naprava za merjenje in zapisovanje časovnega poteka gostote moči sončnega obsevanja; sin. aktinograf

solariméter -tra m naprava za merjenje gostote moči sončnega obsevanja; sin. aktinometer

solenoíd -a m cevasti del prostora, omejen s sekajočimi se ploskvami dveh različnih skalarnih količin, razmaknjenih za enoto

solstícij -a m čas, ko doseže Sonce ekstremno lego glede na nebesni ekvator; sin. sončni obrat

sónce in **Sónce** -a s nebesno telo, središče našega zvezdnega sestava

s. síje pojav, pri katerem je na meteorološki postaji v trenutku opazovanja direktno sončno obsevanje

sónčen -čna -o ki se nanaša na sonce

sončni blišč svetle lise na satelitskih slikah, podobne oblakom, ki so vidne na vodni površini zaradi odboja sončne svetlobe

s. obrat čas, ko doseže Sonce ekstremno lego glede na nebesni ekvator; sin. solsticij

s. steber 1. zelo svetlo stičišče krogov hala 2. lesketanje ledenih iglic v zraku, vidno pod soncem

sončno obsevanje gl. obsevanje

s. sevanje sevanje, ki prihaja od Sonca; sin. Sončevo sevanje; prim. kratkovalovno sevanje, gl. sevanje

sónda -e ž naprava za merjenje na težko dostopnih krajih

padajoča s., ki je iz letala s padalom spuščena proti tlom

snežna s., ki služi za merjenje debeline snežne odeje

sondáža -e ž meritev s sondami

sondíranje -a s merjenje z velikim številom sondaž

sopárica -e ž vroče, malo zamegljeno ozračje; sin. sparina

sopárnost -i ž občutje človeka ali živali v razmerah, ki zaradi vročine ob visoki vlagi ovirajo odtok odvečne toplote iz telesa

sòsónce -a s močno svetlo sečišče krogov hala

sparína -e ž gl. soparica

spékter -tra m porazdelitev kake količine po frekvenci, valovni dolžini, periodi, npr. spekter svetlobe, spekter turbulentne kinetične energije

spektrálno območje -ega -a s omejen del (elektromagnetnega) spektra

bližnje infrardeče s. o. infrardeče spektralno območje, ki velja za valovne dolžine med 0,7 in 11 mikrometri

infrardeče s. o. spektralno območje, ki velja za valovne dolžine med 0,7 in ca. 100 mikrometri

s. o. vodne pare v satelitski meteorologiji: spektralno območje, ki velja za valovne dolžine med 5 in 7 mikrometri, kjer vodna para najmočneje absorbira ali seva

vidno s. o. spektralno območje, ki velja za valovne dolžine med 0,4 in 0,7 mikrometri

spissátus -a [spisatus] m (krat. spi) gost oblak iz rodu cirrus

splôšna cirkulácija atmosfére -e -e -- ž globalni sistem prevladujočih vetrov

spódnja posóda -e -e *i* del ohišja dežemera pod lovilnim lijakom

spremémba -e *i* povečanje ali zmanjšanje vrednosti kake količine ali značilnega stanja v času ali prostoru

adiabatna s., ki nastane pri adiabatnem procesu; sin. izentropna sprememba

advektivna s., ki nastane pri advekciji

individualna s. 1. sprememba v masnem delu Lagrangeovega sistema 2. sprememba kot vsota lokalne spremembe in advektivne spremembe v Eulerjevem sistemu; sin. totalna sprememba

interdiurna s., ki nastane med zaporednima dnevoma

izentropna s. gl. adiabatna sprememba

izobarna s., ki nastane pri konstantnem tlaku

izotermna s., ki nastane pri konstantni temperaturi

letna s., ki velja za leto

lokalna s., ki nastane v točki Eulerjevega sistema, vezana na konstantno lokacijo v prostoru

periodična s., pri kateri se v enakih časovnih razmikih vzpostavi enako stanje

s. *vremena* prehod iz enega značilnega vremena v drugo vreme

totalna s. gl. individualna sprememba 2

vertikalna s., ki se pojavlja v navpični smeri

sprijémanje -a *s* združevanje padajočih ledenih kristalčkov v oblaku v snežne kosme

srén -a m debela zmrznjena skorja snega, ki se pod težo človeka ne predira; prim. strjeni sneg 2, gl. sneg 1

srénec -nca m star uležan debelozrnat spomladanski sneg

sréž -a m sin. sneg z ivjem, gl. sneg 1

globinski s. preoblikovani robati in nepovezani kristali v snežni odeji, nastali ob spremembi strukture snežne odeje; sin. plovni sneg

stabilizácija -e *i* povečanje stabilnosti zračne plasti, npr. zaradi njenega spuščanja, zaradi dotoka toplejšega zraka zgoraj oziroma ohlajevanja spodaj

stabílnost -i *i* lastnost procesa ali sistema, da pri učinkovanju motnje zavira njen učinek in teži k prejšnjemu stanju; ant. nestabilnost, labilnost

nevtralna s., pri kateri sistem ne reagira na motnje oziroma je jakost reakcije zanemarljiva

numerična s., pri kateri stabilnost numerične sheme omogoča reševanje sistema diferencialnih enačb

stájati (se) -am (se) dov. gl. raztajati (se)

stalítev -tve *i* prehod iz trdnega v tekoče agregatno stanje

stánje -a *s* kar je določeno s časom in vrsto spremenljivk

agregatno s. oblika, v kateri se snov pojavlja: trdno, tekoče, plinasto agregatno stanje

labilno s., pri katerem se motnje povečujejo

sinoptično s. stanje meteoroloških količin, ki pogojujejo vreme nad večjim območjem

stabilno s., pri katerem motnje pojemajo

stacionarno s., ki je s časom ne-
spremenjeno

s. morja element meteorološkega
ključa, ki podaja stopnjo vzva-
lovanosti morja in vrsto valov

s. tal lastnost tal, določena po
meteorološkem ključu

trenutno s., ki je značilno za
določen trenutek

vremensko s., ki ga predstavljajo
značilni vremenski parametri

začetno s., kakršno je na začetku
obravnave kakega procesa

stisljívost -i ž lastnost snovi, da
pod pritiskom spremeni svojo
prostornino; ant. nestisljivost

stopínja -e ž (znak °) 1. enota za
merjenje kota in označevanje
smeri, npr. 30°
2. enota za merjenje temperatu-
re, npr. stopinja Celzija (znak °C),
kelvin (znak K)

stratifikácija -e ž 1. razporeditev
kake lastnosti po značilnih
plasteh

krivulja s. krivulja, ki kaže nav-
pično razporeditev temperature
zraka; prim. temperaturni profil
2. preoblikovanje kopastih obla-
kov v plastovite oblake

stratifórmis -a m (krat. str) oblak, ki
ima pretežno plastovito razpo-
tegnjeno obliko; sin. plastoviti
oblak

stratocúmulus tudi stratokúmulus
-a [stratokumulus] m (krat. Sc)
plastovit nizki oblak grudaste
ali kopaste strukture

stratopávza -e ž meja med strato-
sfero in mezosfero

stratosfêra -e ž plast ozračja nad
troposfero, debela kakih 40 km,
v kateri temperatura z višino

raste in ni vremenskih dogajanj;
prim. troposfera, mezosfera

strátus -a m (krat. St) nizki oblak v
obliki enakomerne sive oblačne
plasti ali posamezne oblačne
krpe

stréla -e ž razelektritev z močnim
električnim tokom, ki je vidna
kot blisk in ji sledi grom

direktna s., ki skozi že utrti ioni-
zirani kanal zelo hitro švigne
od oblaka navzdol

kroglasta s. v obliki žareče
krogle, ki vijugasto potuje skozi
ozračje in se razleti

povezovalna s. del strele, ki steče
blizu tal proti vodilni streli

povratna s., ki sledi vodilni streli,
pri čemer steče tok v nasprotni
smeri

vodena s. nagla razelektritev brez
bliska zaradi vračanja nakopi-
čenega naboja iz visokih objek-
tov v tla

vodilna s. postopna začetna raz-
elektritev, ki omogoča nastanek
strele

začetna s., ki napreduje postopno
v kratkih skokih po nekaj deset
metrov

stríženje -a s razlika oziroma
odvod hitrosti prečno na smer
toka

strížna napétost -e -i ž strižna sila
na ploskovno enoto

molekularna s. n. strižna na-
petost, ki nastane zaradi giba-
nja molekul

turbulentna s. n. strižna napetost,
ki nastane zaradi turbulentnega
gibanja

sublimácija -e ž neposreden prehod
iz trdnega v plinasto agregatno

stanje; ant. depozicija

toplota *s.* toplota, ki je potrebna za direktni prehod snovi iz trdnega agregatnega stanja v plin

subsidénca -e ž spuščanje zračnih plasti v anticiklonu

súbtróp -a m, raba v mn.: subtropi, območje med ca. 20 in 40 stopinjami geografske širine

súnek vétra -nka -- m kratkotrajen močnejši veter

sunkovítost vétra -i -- ž 1. značilnost pogostih sunkov vetra
2. razmerje med največjo hitrostjo v sunkih in povprečno hitrostjo

súša -e ž dolgotrajno obdobje brez padavin ali z neznatnimi padavinami

súšno obdóbje -ega -a s 1. obdobje z nezadostnimi padavinami ali neustrezno razporeditvijo padavin za rast rastlin
2. obdobje izredno suhega vremena

3. po Walter-Gaussenu: obdobje določenih razmerij temperatur in padavin

súšnost -i ž 1. značilnost klime, da so padavine zelo poredko; sin. aridnost 1
2. primanjkljaj padavin na kakem območju, npr. pri klasifikaciji klime; sin. aridnost 2

svetlôba -e ž vidni del elektromagnetnega valovanja

absorbirana s. gl. vpita svetloba

difuzna s., ki je sipana na molekulah sestavin zraka, vodnih kapljicah in aerosolu

odbita s., ki se odbije od tal, oblakov ali predmetov

prepuščena s., ki pride skozi kako snov

vpita s., ki se v snovi pretvori v toploto; sin. absorbirana svetloba

Svetóvna meteorolóška organizácija -e -e -e ž (krat. SMO in WMO) agencija Organizacije združenih narodov za meteorologijo s sedežem v Ženevi

Š

šífra -e ž skupina številk, črk ali znakov, ki (napisana na ustreznem mestu v depeši) pomeni vrednost meteorološke količine ali pojava

šifríranje meteorolóških opazovánj -a -- -- s zapis opazovanj po mednarodnem meteorološkem ključu

širóko -a m bolje: jugo

škófov pŕstan -ega -a m belkast obroč okoli sonca ali lune na oblakih prahu v stratosferi

štévec -vca m naprava, ki zaznamuje dogodke ali pojave na osnovi štetja

Aitkenov š., ki zaznamuje delce v velikosti manj kot 1 mikrometer v prostorski enoti zraka

š. bliskov števec, ki zaznamuje število atmosferskih razelektritev; prim. brontograf

š. delcev števec, ki kaže število delcev zračnih primesi; prim. konimeter

števílo -a s kar označuje velikost skalarne količine

Froudovo š. [frudovo] razmerje med silo vztrajnosti in težnostno silo

Nusseltovo š. [nuseltovo] razmerje med dejanskim prenosom toplote in prenosom skozi mirujočo snov

Prandtlovo š. razmerje med difuzivnostjo gibalne količine in difuzivnostjo toplote

Rayleighovo š. [rejlijevo] razmerje med silami vzgona in viskoznosti kot mera za konvekcijo

Reynoldsovo š. [rejnoldsovo] razmerje med vztrajnostno silo in silo viskoznosti, ki je pokazatelj prehoda med laminarnim in turbulentnim tokom

Richardsonovo š. [ričardsonovo] razmerje med vzgonom in striženjem vetra pri krepitvi oziroma slabitvi turbulence

Rossbyjevo š. [rozbijevo] razmerje med silo vztrajnosti in deviacijsko silo

valovno š. število valovnih dolžin na enoto razdalje

T

tabéla -e ž urejen prikaz medsebojne odvisnosti dveh ali več alfanumeričnih spremenljivk

psihrometrična t., ki podaja vrednosti relativne vlage in parnega tlaka v odvisnosti od temperature suhega in mokrega termometra

redukcijska t., ki služi za prevedbo merjene vrednosti na dogovorjene pogoje, npr. za redukcijo zračnega pritiska na morski nivo

tájanje -a s gl. taljenje

tájati (se) -am (se) nedov. spreminjati (se) iz trdnega v tekoče agregatno stanje

tajfún -a m globok tropski ciklon z orkanskim viharjem (tako poimenovan v jugovzhodni Aziji); sin. hurricane, orkan 2

talíšče -a s temperatura, pri kateri preide snov iz trdnega agregatnega stanja pri določenem tlaku v kapljevino

taljênje -a s prehajanje snovi iz trdnega agregatnega stanja v kapljevino pri temperaturi tališča in konstantnem tlaku; sin. tajanje

tefigrám -a m 1. papir z linijami termodinamičnih spremenljivk za vnašanje radiosondažnih podatkov

2. nomogram, na katerem sta temperatura in entropija osnovni koordinati

tekočína -e *ž* kapljevine in plini

nestisljiva t., ki se ji prostornina zaradi spremembe pritiska ne spremeni

stisljiva t., ki se ji prostornina spremeni zaradi spremembe pritiska

temperatúra -e *ž* termodinamična spremenljivka, ki določa toplotno stanje snovi

absolutna t., ki je merjena od absolutne ničle v Kelvinovi skali

aktivna t., ki je nad biološkim minimumom za izbrano rastlinsko vrsto in fenološko fazo

dnevna t., ki velja za izbrani dan 1

efektivna t. 1. temperatura z vlago nasičenega zraka, ki ima enak učinek na človeka kot dejanski nenasičeni zrak 2. razlika med dejansko temperaturo zraka in biološkim temperaturnim minimumom za določeno rastlinsko vrsto in fenološko fazo 3. indeks z enotami temperature, ki podaja biotoplotni učinek

ekstremna t., ki označuje najvišjo oziroma najnižjo vrednost v kakem času oziroma kraju

ekvivalentna t., ki bi jo imel zrak, če bi se vsebovana vodna para kondenzirala, dobljena toplota pa porabila za ogrevanje zraka pri konstantnem tlaku

ekvivalentpotencialna t., ki bi jo imel zrak, ogret na ekvivalentno temperaturo, če bi po

nenasičeni adiabati dosegel tlak 1000 hPa

kumulativna t., ki označuje skupni presežek temperatur po izbranih enakih časovnih intervalih nad kakim določenim standardom, npr. vsota odklonov povprečne dnevne temperature glede na izbrane temperature; prim. temperaturna vsota

mediana t. gl. srednja temperatura

potencialna t., ki bi jo imel zrak, če bi po nenasičeni adiabati dosegel pritisk 1000 hPa

potencialna t. mokrega termometra temperatura, ki bi jo imel zrak, če bi se po nasičeni adiabati spustil s kondenzacijskega nivoja prisilnega dviga na ploskev 1000 hPa

povprečna t. aritmetična sredina temperatur za določen časovni interval

psevdopotencialna t., ki je približno enaka ekvivalentpotencialni temperaturi

referenčna t. izbrana vrednost temperature, na katero se sklicuje, npr. srednja maksimalna temperatura najtoplejšega meseca

Schaeferjeva t., [šeferjeva] pod katero ni več podhlajenih vodnih kapljic (okrog -40 °C)

sevalna t., ki je pripisana kot črno telo sevajočemu telesu glede na gostoto izsevane energije

srednja t., ki je v sredini temperaturnega niza; sin. mediana temperature

t. mokrega termometra temperatura, na katero se zrak ohladi na račun svoje toplote zaradi izhlapevanja vode do nasičenosti zraka

t. okolice delca temperatura, ki je v okolici obravnavanega elementa

t. po Celziju (enota °C) temperatura, ki je izražena v Celzijevi skali

t. po Fahrenheitu [farenhajtu] (enota °F) temperatura, ki je izražena v Fahrenheitovi skali

t. po Kelvinu (enota K) temperatura, ki je izražena v Kelvinovi skali

t. rosišča gl. rosišče

t. suhega termometra dejanska temperatura zraka, izmerjena s termometrom, ki je zaščiten pred sončnim obsevanjem

t. tal temperatura v različnih globinah vrhnjih plasti kopnega

t. vode temperatura, ki jo ima voda v naravi, merjena na dogovorjen način

t. zraka temperatura, ki jo ima zrak, merjena na dogovorjen način, npr. v vremenski hišici, z radiosondo

torna t., ki je mera za gostoto energijskega toka zaznavne toplote pri tleh in je temperaturna skala za turbulenco

virtualna t., ki bi jo imel pri danem tlaku suhi zrak iste gostote kot obravnavani vlažni zrak

temperatúrna vsôta -e -e ž vsota temperatur, izmerjenih v izbranih obdobjih, ki je pomembna za rast rastlin, in kaže toplotno okolje rastline, npr. vsota ak-

tivnih temperatur, vsota efektivnih temperatur

tendénca -e ž velikost spremembe kake količine v določenem časovnem intervalu oziroma določeni prostorski točki

t. pritiska 1. tendenca, ki velja za zračni pritisk 2. element meteorološke depeše, ki podaja spremembo zračnega pritiska v določenem intervalu, npr. triurna tendenca pritiska; sin. tendenca tlaka

t. tlaka 1. tendenca, ki velja za zračni tlak 2. element meteorološke depeše, ki podaja spremembo zračnega tlaka v določenem intervalu, npr. triurna tendenca tlaka; sin. tendenca pritiska

teorém -a m strokovna ali znanstvena trditev

Bjerknesov cirkulacijski t. cirkulacijski teorem, ki pravi, da je sprememba absolutne cirkulacije sorazmerna s številom objetih enotnih solenoidov tlaka in volumna

cirkulacijski t., ki pove, od česa je odvisna sprememba cirkulacije

teoríja -e ž sistem trditev oziroma hipotez, ki podaja kako znanstveno razlago

Bergeron-Findeisnova t. [findajznova], ki razlaga nastanek padavin ob navzočnosti ledenih kristalčkov in podhlajenih vodnih kapljic

Milankovićeva t. [milankovičeva], ki razlaga klimatske spremembe v stotisočletjih kot posledico sprememb lege zemeljske osi

polarnofrontna *t.*, ki razlaga nastanek in razvoj ciklonov zmernih širin ob medsebojnem vplivu polarnega in tropskega zraka

têrmika -e ž žargon v letalstvu: prosta konvekcija, gl. konvekcija

termín -a m natančno določen čas meteoroloških opazovanj

klimatološki *t.*, ki je ob 07., 14. in 21. uri po lokalnem času

sinoptični *t.* glavni, ki je ob 00., 06., 12. in 18. uri, vmesni, ki je ob 03., 09., 15. in 21. uri po srednjem greenwiškem času

termodinámičen -čna -o ki se nanaša na termodinamiko

termodinamični *diagram* prikaz medsebojne odvisnosti termodinamičnih spremenljivk v obliki krivulj

t. *papir* nomogram, ki služi za prikaz in za določanje termodinamičnih spremenljivk, npr. za prikaz in obdelavo podatkov z radiosonde

têrmodinámika -e ž veda o ravnotežnih stanjih, vzrokih in spremembah toplotnega stanja snovi

zakoni *t.* gl. zakon

termográf -a m naprava za zapisovanje časovnega poteka temperature

termográm -a m grafični zapis termografa

termográmski papír -ega -ja m registrirni trak za zapisovanje časovnega poteka temperature

termométer -tra m naprava za merjenje temperature, ki deluje na osnovi vpliva temperature na različne fizikalne količine

bimetalni *t.*, ki meri temperaturo na osnovi različnih temperatur-

nih raztteznosti dveh kovin, spojenih v obliki prstana

ekstremni *t.*, ki kaže vrednosti ekstremnih temperatur v kakem časovnem obdobju, npr. minimalni termometer, maksimalni termometer

maksimalni *t.*, ki kaže najvišjo temperaturo za čas od nastavitve termometra dalje in se uporablja za določanje maksimalnih dnevnih temperatur zraka

minimalni *t.*, ki kaže najnižjo temperaturo za čas od nastavitve termometra dalje in se uporablja za določanje dnevnih minimalnih temperatur zraka

mokri *t.*, ki kaže temperaturo termometrske bučke, ovite z mokro krpico in je sestavni del psihrometra

Sixov *t.* [siksov] termometer v obliki črke U, ki je kombinacija maksimalnega in minimalnega termometra

suhi *t.*, ki meri dejansko temperaturo zraka in je sestavni del psihrometra

uporovni *t.*, ki deluje na osnovi spremembe upora električnega prevodnika s temperaturo

vodni *t.*, ki meri temperaturo vode s pomočjo posebne zajemalne posode

zemeljski *t.*, ki je prirejen za merjenje temperature tal v različnih globinah

živosrebrni *t.*, ki meri temperaturo na osnovi temperaturnega raztezanja živega srebra

termométrska búčka -e -e ž spodnji odebeljeni del termometra, ki je kot rezervoar napolnjen s kap-

ljevino, običajno z živim sre-
brom ali alkoholom

termosfêra -e *ž* plast atmosfere
nad mezosfero v višini nad 80
km, v kateri temperatura z
višino hitro narašča; prim. mezo-
sfera

têža -e *ž* sin. sila teže, gl. sila

thetagrám -a *m* termodinamični
diagram za določevanje zračnih
mas s koordinatami tlaka in
temperature v linearni skali

**Thornthwáitova klimátska klasifi-
kácija** -e -e -e [torntvajtova] *ž*
opredelitev klimatskih razmer
po učinkovitosti padavin in
temperature ali po potencialni
evapotranspiraciji in padavinah

típ -a *m* kar je opredeljeno z zna-
čilnimi lastnostmi

bioklimatski t., ki opredeli pov-
prečne vrednosti meteoroloških
količin, orografskih značilnosti
in kvalitete zraka na kakem
območju pri vrednotenju učinka
na živi organizem

blažilni t. bioklimatski tip, v
katerem meteorološke razmere
delujejo sproščujoče na živi
organizem

dražilni t. bioklimatski tip, v
katerem meteorološke razmere
spodbujajo delovanje organizma

klimatski t., ki opredeli klimo v
odvisnosti od dejavnikov, ki to
klimo pogojujejo

obtežilni t., v katerem meteoro-
loške razmere delujejo obtežilno
oziroma škodljivo na živi orga-
nizem

vremenski t. opredelitev vremen-
skih stanj po značilnih vremen-

skih pojavih ali po poljih me-
teoroloških količin

tipálo -a *s* del naprave, ki zaznava
in posreduje vrednosti kake
merjene količine; sin. dajalnik,
senzor; prim. merilnik

tlák -a *m* velikost pravokotne
komponente sile na ploskovno
enoto; sin. pritisk

delni t. tlak posameznega plina v
mešanici plinov; sin. delni pritisk

gradient t. gl. gradient

nasičeni parni t. ravnotežni parni
tlak pri nasičeni vlažnosti; sin.
nasičeni parni pritisk

normalni zračni t. zračni tlak na
morskem nivoju pri standardni
atmosferi, ki je 1013,25 hPa; sin.
normalni zračni pritisk

parni t. delni tlak vodne pare; sin.
parni pritisk

ploskev t. gl. ploskev

tendenca t. gl. tendenca

zastojni t. povečani tlak pri za-
stajanju zračnega toka pred
oviro; sin. zastojni pritisk

zračni t., ki je posledica teže
ozračja; sin. zračni pritisk

tóča -e *ž* padavine v obliki bolj ali
manj okroglih, trdnih, prosojnih
ledenih zrn s premerom nad 5
mm, ki nastanejo v nevihtnem
oblaku

zarodek t. gl. zarodek

zrno t. gl. zrno toče

tóčka -e *ž* brezdimenzijska osnovna
geometrijska tvorba

divergentna t., ki je vir tokovnic

konvergentna t., ki je ponor
tokovnic

mrežna t. element mreže računal-
skih točk

računska t., v kateri se računa
kaka količina

singularna t., ki ima izjemen
položaj v polju kake količine,
npr. središče ciklona, sedlo

tók -a m usmerjeno gibanje oziro-
ma prenašanje kake količine,
npr. tekočine, delcev

difluentni t., v katerem se tokov-
nice razhajajo; ant. konfluentni
tok

divergentni t., v katerem se go-
stota kake količine zmanjšuje
ali je vir kake količine; ant.
konvergentni tok

električni t., ki prenaša električni
naboj

energijski t., v katerem se prena-
ša energija

horizontalni t., ki poteka v vodo-
ravni ravnini

kompenzacijski t. sekundarni tok,
ki kompenzira osnovni tok

konfluentni t., v katerem se
tokovnice stekajo; ant. difluentni
tok

konvektivni t., ki poteka pretežno
v navpični smeri in nastane
zaradi temperaturnih razlik ali
prisilnega dviga

konvergentni t., v katerem se
gostota kake količine povečuje
ali je ponor kake količine; ant.
divergentni tok

laminarni t., ki ima urejene in
gladke tokovnice; ant. turbulent-
ni tok

masni t., ki prenaša maso

morski t., ki prenaša morsko
vodno maso na večje razdalje

moteni t., ki je spremenjen zaradi
zunanjega vpliva

navzdolnji t. navzdol usmerjeno
gibanje, navadno zraka

osnovni t., pri katerem niso upo-
števane manjše motnje

povprečni t. prostorsko oziroma
časovno povprečje toka

stacionarni t., ki ima v času
nespremenjeno smer in hitrost

toplotni t., ki prenaša toploto

turbulentni t., ki je neurejen in v
katerem je gibanje dokaj vrtin-
čno; ant. laminarni tok

vertikalni t., ki poteka v navpični
smeri

višinski t., ki je v višjih zračnih
plasteh

volumski t., ki opredeli pretok
kakega volumna tekočine

vzponski t. navzgor usmerjeno
gibanje, navadno zraka

zračni t. gibanje zraka v določeni
smeri

tokóvnica -e ž črta, ki je povsod
tangencialna na smer gibanja

toplína -e ž neustr., gl. temperatura

toplomér -a m zastar., gl. termometer

toplôta -e ž dovedena ali odvedena
energija, ki lahko spreminja
notranjo energijo teles ali
opravlja kako delo

izparilna t., ki jo je treba dovesti
kapljevini, da izpari

latentna t., ki se sprošča ali
porablja pri katerikoli od faznih
sprememb snovi; prim. izparilna
toplota, talilna toplota

specifična t., ki je potrebna, da se
enota mase segreje za eno sto-
pinjo

talilna t., ki je potrebna za pre-
hod snovi iz trdnega agregatne-
ga stanja v kapljevino

t. izhlapevanja toplota, ki je po-
trebna kapljevini, da izhlapi

t. kondenzacije toplota, ki se
sprosti ob prehodu pare v kap-
ljevino

t. sublimacije toplota, ki je potrebna za direktni prehod snovi iz trdnega agregatnega stanja v plin

t. zmrzovanja toplota, ki jo odda kapljevina ob prehodu v trdno snov

zaznavna t. gl. entalpija

toplôtni ôtok -ega -óka m del prostora, navadno v mestu, ki ima višjo temperaturo kot okolica

topografíja -e ž oblikovitost kake površine

absolutna t., ki predstavlja višino kake ploskve v skali višine glede na morski nivo

relativna t., ki podaja razliko med višinama dveh ploskev

t. izobarnih ploskev topografija, ki podaja višino kake ploskve pritiska v geopotencialnih metrih

t. zemeljske površine topografija, ki je izdelana na osnovi topografskega snemanja zemeljske površine

tópoklíma -e ž sin. lokalna klima, gl. klima

tór -a m opuščena enota za pritisk; prim. milibar

tornádo -a m lijakast vrtinec zraka, ki izhaja iz nevihtnega oblaka navzdol, pri čemer nastajajo viharji in značilno srkanje s tal; sin. tromba

lijak t. gl. lijak tornada

totalizátor -ja m zbiralnik padavin za daljši čas na težko dostopnih krajih; prim. ombrometer

trajektórija -e ž krivulja, ki kaže pot gibajočega se delca; sin. potnica

trandosónda -e ž sin. plavajoči balon, gl. balon

transformácija -e ž sprememba oblike ali kake bistvene lastnosti

t. energije transformacija, ki velja za spreminjanje energije

t. koordinat transformacija, ki velja za prehod iz enega v drugi koordinatni sistem

t. zračne mase transformacija, ki velja za lastnosti zračne mase zaradi spremenjenih okolnih pogojev

transkontinentálni transpórt onesnáženja -ega -a -- m širjenje onesnaženega zraka na daljavo s planetarno cirkulacijo preko kontinentov

translácija -e ž gibanje telesa, pri katerem ostane telo vzporedno s svojo začetno lego

translúcidus -a m (krat. tr) prosojen oblak

transmisíja -e ž gl. prepuščanje 2

transmisívnost -i ž gl. prepustnost 2

transpirácija -e ž prehajanje vode skozi površino živih organizmov; prim. evapotranspiracija

transpórt -a m prevajanje ali prenašanje snovi ali lastnosti snovi z enega na drugo območje

trávni temperatúrni mínimum -ega -ega -a m minimalna temperatura, odčitana na minimalnem termometru z bučko na višini kratko pristrižene trave

trénd -a m težnja razvoja v kako značilno smer, h kaki vrednosti

trênje -a s 1. pojav, ki deluje zavirajoče pri gibanju dveh drugega ob drugem drsečih teles *molekularno t.*, pri katerem se v laminarnem toku prenaša gibalna količina z molekulami

notranje t., ki se pojavlja med plastmi tekočin, ki se gibljejo z različno hitrostjo ali v različnih smereh

turbulentno t., pri katerem se v turbulentnem toku prenaša gibalna količina z vrtinci oziroma s turbulentnimi fluktuacijami

zunanje t., ki se pojavlja pri gibanju zraka ob zemeljski površini
2. sila, ki nastane zaradi relativnega gibanja in ga zavira; sin. sila trenja

trepetánje -a s hitro navidezno spreminjanje oblik predmetov nad močno ogretimi tlemi

trómba -e ž gl. tornado

tropopávza -e ž meja med troposfero in stratosfero

inverzija t. gl. inverzija

zlom t. izrazita sprememba višine tropopavze nad fronto

troposfêra -e ž spodnja plast ozračja, ki sega okoli 10 km visoko, v kateri se temperatura z višino znižuje in nastajajo vsi bistveni vremenski procesi; prim. stratosfera

tsunámi -ja [cunami] m dolg morski potujoči val, ki nastane zaradi potresa pod morskim dnom

túba -e ž (krat. tub) cevasti del oblaka, ki poteka od baze oblaka navzdol

turbulénca -e ž neurejeno vrtinčno gibanje toka tekočine

atmosferska t., ki je v zračnem toku

dinamična t., ki je posledica striženja hitrosti

termična t., ki je posledica proste konvekcije

t. ob jasnem vremenu (krat. CAT) turbulenca, ki je navadno v zvezi z vetrovnim strženom; prim. prilogo o kraticah

zamrznjena t. predpostavka o časovno nespremenjenem vzorcu vrtincev v toku

U

učínek -nka m posledica delovanja kakega vpliva; sin. efekt

biosevalni u., ki velja za vpliv sončnega in nebesnega obsevanja na organizem

biotoplotni u., ki velja za sočasni vpliv temperature, vlažnosti in vetrovnih razmer okolnega zraka na energijsko bilanco živega organizma

biotropni u., ki velja za vpliv ozračja na živi organizem

nevrotropni u., ki velja za vpliv vremenskih procesov na vegetativno živčevje

orografski u., ki velja za vpliv

oblik zemeljskega površja na vremenske procese

povratni u., ki velja za vpliv kakega poznejšega procesa na prvotni proces; sin. povratni vpliv

u. geografske širine učinek, ki je posledica geografske širine kraja, pojava

u. tople grede učinek, ki povzroči povišano temperaturo zraka pri tleh zaradi velike prepustnosti ozračja za kratkovalovno sevanje in majhno prepustnost za dolgovalovno sevanje

u. zajezitve posledica delovanja gorske pregrade ali druge ovire na smer in hitrost toka

učinkovítost -i ž mera za uspešnost pri kakem dogajanju

u. sprijemanja razmerje med številom sprijetih padajočih ledenih kristalčkov v oblaku in številom trkov teh kristalčkov

u. trkov razmerje med dejanskim in geometrijsko največjim možnim številom trkov padajočih elementov v oblaku

u. zbiranja produkt učinkovitosti trkov in učinkovitosti zlivanja oziroma učinkovitosti sprijemanja

u. zlivanja razmerje med številom zlitij padajočih kapljic v oblaku in številom trkov teh kapljic

újma -e ž katastrofa, ki je posledica škodljivih vremenskih ali drugih naravnih pojavov, npr. orkan, potres

uklòn -ôna m pojav, pri katerem se valovanje širi v geometrijsko senco; sin. difrakcija

ukrívljenost -i ž količina, ki je obratno sorazmerna radiju h krivulji prilegajočega se kroga ali poti delca prilegajočega se kroga

anticiklonalna u., ki je konveksna proti nizkemu tlaku

ciklonalna u., ki je konkavna proti nizkemu tlaku

umerítev instrumênta -tve -- ž postopek za dosego predpisane natančnosti instrumenta ali za določitev korekcije, potrebne za določitev prave vrednosti

úncinus -a m (krat. unc) oblak iz rodu cirrus, ki je ukrivljen v obliki smučke

undulátus -a m (krat. un) valovit oblak

upòr vétra -ôra -- m sila, ki jo povzroča veter na objekte, vozila in raste s kvadratom hitrosti vetra

utéž -í ž 1. telo z določeno maso ali težo, ki služi za primerjavo mase ali teže drugega telesa 2. faktor pomembnosti kake količine pri statistični analizi

V

vál -a m, raba v mn.: valovi, motnja, ki se širi skozi prostor z določeno obliko, npr. s sinusno obliko

elektromagnetni v., valovi električnega in magnetnega polja

frontalni v. neustr. frontalni sistem, gl. sistem

gravitacijski v., ki nastanejo zaradi zemeljske težnosti v stabilno stratificirani tekočini

inercijski v., ki so posledica vztrajnostnih sil

Kelvin-Helmholtzovi v. [helmholcevi], ki nastanejo kot posledica vetrovnega striženja na meji dveh tekočin različnih lastnosti

kompresijski v., ki so posledica stiskanja tekočine

longitudinalni v., pri katerih nihajo delci snovi ali polje v smeri potovanja valov, npr. zvok

morski v. oscilacije morske vode ob površini brez večjega premeščanja mase v vodoravni smeri

nestabilni v. 1. valovi, pri katerih amplituda stalno narašča 2. valovi v zračnem toku ob polarni fronti, ki so zametek nastanka ciklona

notranji gravitacijski v. gravitacijski valovi, ki so ujeti, če se širijo le vodoravno in neujeti, če se širijo tudi navpično

orografski v. gravitacijski valovi, navadno v zračnem toku, ki nastanejo zaradi gorske ovire; sin. zavetrni valovi

potujoči v., pri katerih se greben in dolina premikata v določeni smeri

površinski gravitacijski v. gravitacijski valovi na površini tekočine

Rossbijevi v. [rozbijevi] horizontalno transverzalni valovi v globalni cirkulaciji ozračja z valovno dolžino okrog 6000 km

stacionarni v., ki ne spreminjajo svoje lege v prostoru; sin. stoječi valovi

stoječi v. gl. stacionarni valovi

transverzalni v., pri katerih nihajo delci snovi ali polje pravokotno na smer potovanja valov, npr. na vodni površini

v. globoke vode 1. valovi, ki nastanejo na vodni površini pri globini, ki je večja od valovne dolžine vala, pri čemer je zanemarljiv vpliv dna 2. tem podobni valovi v atmosferi na notranjih mejnih površinah, ki nastanejo zaradi razlike v gostoti

v. plitve vode 1. valovi, ki nastanejo na vodni površini v sorazmerno plitvi vodi, pri čemer je občuten vpliv dna 2. tem podobni valovi v atmosferi na notranjih mejnih površinah, ki nastanejo zaradi razlike v gostoti

zavetrni v. gl. orografski valovi

zlomljeni v., ki nastanejo pri

nestabilnih valovih, ko se valovi zlomijo in prevrnejo; sin. grive

zvočni *v.* longitudinalni valovi snovi, ki jih zazna človeško uho

valovánje -a s širjenje kakega nihanja, navadno sinusnega, po snovi ali polju

varoválni pás -ega -ú m pas rastlin, zasajen z namenom, da spremeni mikroklimatske razmere v svoji bližini, npr. zaradi zmanjšanja hitrosti vetra

várstvo zráka -a -- s dejavnost, ki obsega bedenje nad kvaliteto zraka in zaščito pred prekomernim onesnaževanjem

vêdro prisl., poljud. pretežno jasno, gl. jasno

véktor -ja m sin. vektorska količina, gl. količina

vélum -a m (krat. vel) obsežen cirrusni oblak, ki kot koprena prekriva vrh enega ali več kopastih oblakov

vênec -nca m okrogla svetlobna lisa na altostratusu ali cirrostratusu okrog Sonca ali Lune; sin. korona

vertebrátus -a m (krat. ve) hrbteničast, rebrast oblak iz rodu cirrus

véter -tra m stanje ozračja, v katerem se zrak giblje v določeni smeri in z določeno hitrostjo, ki nastane zaradi razlik v zračnem tlaku; prim. prilogo o vetrovih

ageostrofski *v.*, ki piha prečno na izobare, npr. k ciklonskemu središču

antitriptični *v.* 1. veter, pri katerem si držita ravnotežje gradientna sila in sila trenja 2. v naših krajih: lokalni veter majhnih hitrosti

bočni *v.* komponenta vetra, ki piha pravokotno na smer gibanja objekta

ciklostrofski *v.*, pri katerem si držita ravnotežje gradientna in centrifugalna sila

čelni *v.* komponenta vetra, ki piha v nasprotni smeri od gibanja objekta

dolinski *v.* lokalni veter, ki piha iz doline po pobočju navzgor in je termično pogojen

geostrofski *v.*, pri katerem si držita ravnotežje gradientna in deviacijska sila (dober približek vetrov v prosti atmosferi)

gorski *v.* lokalni veter, ki piha ponoči z gora po pobočju navzdol in je termično pogojen; sin. gornik, nočnik

gradientni *v.*, pri katerem si držijo ravnotežje gradientna, deviacijska in centrifugalna sila (dober približek vetrov npr. v ciklonu)

hrbtni *v.* komponenta vetra, ki piha v smeri gibanja objekta

hudi *v.*, ki piha z jakostjo 6 beaufortov, pri katerem tuli okrog vogalov in v žicah, morje pa se občasno na videz zakadi

izalobarni *v.* ageostrofski veter, ki nastane zaradi lokalne oziroma časovne spremembe polja zračnega pritiska

južni *v.*, pri katerem prevladuje južna smer

kanalizirani *v.*, ki je prilagojen obliki reliefa

katabatni *v.* raba v mn. vetrovi, ki so usmerjeni navzdol

kopni *v.* lokalni veter, ki piha ponoči s kopnega nad morje; prim. burin *ledeniški* v., ki piha z ledenikov navzdol

lokalni v., ki piha na manjšem območju kot posledica lokalnih razlik temperature; ant. splošni vetrovi

močni v., ki piha z jakostjo 5 beaufortov, pri katerem se upogibajo tanjša drevesa, na morju pa so grive čez in čez

morski v. lokalni veter, ki piha podnevi z morja nad kopno; prim. maestral

obalni v. kopni veter ali morski veter

pobočni v. dolinski veter ali gorski veter

podolinski v., ki piha v smeri osi doline navzgor ali navzdol

polarni v. severovzhodni veter, ki piha v nižjih plasteh troposfere s polarnih območij

prevladujoči v. najpogostejši veter v kakem kraju

prizemni geostrofski v. namišljeni geostrofski veter, dobljen iz polja zračnega pritiska pri tleh

severni v., pri katerem prevladuje severna smer

sezonski v., ki ga pogojuje letni čas, npr. monsun

smer v. smer, iz katere piha veter

splošni v. raba v mn. vetrovi nad širšim območjem; ant. lokalni veter

subgeostrofski v., ki je šibkejši od geostrofskega vetra in je zato odklonjen na levo od njega (na severni polobli)

sunkoviti v., ki se mu predvsem hitrost močno spreminja

supergeostrofski v., ki je močnejši od geostrofskega vetra in je zato odklonjen na desno od njega (na severni poloobli)

šibki v., ki piha z jakostjo 3 beaufortov, pri katerem se gibljejo majhne vejice, na morju pa so na valovih vidne posamezne grive

termalni v. 1. vektorska razlika geostrofskih vetrov na dveh višinah 2. vertikalno striženje geostrofskega vetra zaradi horizontalnega gradienta temperature

viharni v., ki piha z jakostjo 7 beaufortov, pri katerem se majejo odrasla drevesa in se težko hodi, morje pa se na videz kadi

višinski v., ki je na višinah, pri čemer je vpliv tal zanemarljiv

vzhodni v., pri katerem prevladuje vzhodna smer

zahodni v., pri katerem prevladuje zahodna smer

zmerni v., ki piha z jakostjo 4 beaufortov, pri katerem se gibljejo večje veje, dviga prah, na morju pa je na valovih precej griv

vétrič -a m stanje ozračja z zaznavnim vetrom z jakostjo 2 beaufortov, pri katerem listje šelesti, na morju pa so majhni in gladki valovi; prim. prilogo o vetrovih

vetrokàz -áza m naprava, ki kaže smer oziroma jakost vetra; prim. smerokaz vetra

vetromér -a m naprava za merjenje hitrosti in smeri vetra; sin. anemometer

vetróven -vna -o ki se nanaša na veter

vetrovna roža grafični prikaz

vetrovnih razmer po smereh

v. *vreča* na drog prosto obešena odprta ozka vreča, ki kaže smer in približno jakost vetra

vetrovni *stržen* curek največje hitrosti vetra v vetrovnem polju; sin. jet stream

v. *ščit* prepreka, ki zmanjšuje vpliv vetra

Vídiejeva dóza -e -e [vidijeva] *ž* del aneroida ali barografa, ki reagira na spremembo zračnega pritiska

vidljívost -i *ž* gl. vidnost

vídnost -i *ž* stanje ozračja, pri katerem je, do določene razdalje, še mogoče razločiti predmete od ozadja; sin. vidljivost

horizontalna *nočna* *v.* horizontalna vidnost, pri kateri je še mogoče razločiti standardne luči v temi

horizontalna *v.* najmanjša vidnost izmed vidnosti v vodoravnih smereh

letališčna *mejna* *v.* najmanjša vidnost vzdolž letališke steze, ki še dovoljuje spust letala

RVR *v.* (angl. Runway Visual Range) vidnost, ki je na letališki stezi določena z vidnostjo oznak steze

vertikalna *v.* navzgornja vidnost skozi meglo ali padavine

vihár -ja *m* 1. veter z jakostjo 8 beaufortov, pri katerem se lomijo majhne veje dreves, na morju pa je pršec v pramenih; prim. prilogo o vetrovih

hudi *v.* z jakostjo 10 beaufortov, ki podira posamezna drevesa, morje rohni, vidnost nad morjem je majhna

močni *v.* z jakostjo 9 beaufortov, ki odnaša opeko s streh, na morju pa se veliki valovi prevračajo

orkanski *v.* z jakostjo 11 beaufortov, ki podira hiše, ruje drevesa, morje rohni, nad vsem morjem je pršec

peščeni *v.*, ki nosi s seboj pesek

prašni *v.*, ki nosi s seboj prah

vrtinčasti *v.* z močnimi vrtinci

2. poljud. močen veter sploh

vír -a *m* kraj vstopa ali nastanka kake količine oziroma primesi zraka

linijski *v.*, ki je vzdolž določene linije

površinski *v.*, ki je na določeni površini

stalni *v.*, ki deluje neprekinjeno

točkovni *v.*, ki je v kaki točki

trenutni *v.*, ki traja le kratek čas

v. *onesnaževanja* *zraka* kraj, kjer aerosol oziroma plinaste primesi vstopajo v ozračje

v. *sevanja* kraj, od koder se sevanje širi po prostoru

vírga -e *ž* (krat. vir) oblak s padavinskim pramenom, ki ne doseže tal

virtuálni dodátek -ega -tka *m* razlika med virtualno in dejansko temperaturo

viskóznost -i *ž* 1. količina, ki določa odziv tekočine na strižno silo

kinematična *v.*, ki je podana z razmerjem med molekularno viskoznostjo in gostoto tekočine

molekularna *v.*, ki je posledica molekularnih gibanj v toku tekočine

turbulentna *v.*, ki je posledica turbulence v toku tekočine

2. sorazmerni faktor med strižno napetostjo in strižno hitrostjo

višína -e *i* navpična razdalja od izbranega nivoja do nivoja, ki se določa

efektivna v. dimnika višina, ki je vsota gradbene višine in dimnega dviga

relativna v., ki je med dvema izbranima nivojema ali izobarnima ploskvama

v. baze oblaka višina, ki sega od tal do spodnje meje oblaka

v. inverzije 1. višina od tal do spodnje meje inverzije 2. višina od tal do zgornje meje inverzije

v. kondenzacijskega nivoja višina, ki sega od tal do nivoja, na katerem se vodna para v zraku, ki se dviga, prične kondenzirati

v. mešanja 1. višina od tal do katere se zrak meša 2. višina planetarne mejne plasti

v. padavin debelina plasti meteorne vode

v. vala navpična sočasna razdalja med vrhom in dolom vala

v. vrha oblaka višina, ki sega od tal do zgornje meje oblaka

višinomér -a m naprava za približno določanje višine; prim. altimeter, aneroid

radarski v. radar za merjenje višin

višínsko jêdro hládnega zráka -ega -a -- -- s območje relativno hladnejšega zraka v višinah, ki nastane ˏnavadno z odcepitvijo doline hladnega zraka in ima ciklonske dimenzije

vizibiliméter -tra m naprava za

merjenje vidnosti predvsem na letališčih

vlága -e *i* 1. vodna para v snovi, npr. zraku

absolutna v., masa vodne pare v prostorski enoti

nasičena v. največja možna vlaga pri kaki temperaturi

relativna v. razmerje med dejansko in nasičeno vlago

specifična v. razmerje med maso vodne pare in maso vlažnega zraka

2. majhna količina vode v kaki snovi, npr. v tleh; sin. vodnost 2

vlagomér -a m naprava za merjenje navadno relativne vlažnosti zraka; sin. higrometer

vlážnost -i *i* lastnost snovi, npr. zraka, glede na količino vode oziroma vodne pare v njej; prim. vlaga 1

vôda -e *i* (simbol H_2O) 1. kemična spojina kisika in vodika

2. kapljevinska oblika te spojine

gravitacijska v. del vode v tleh, ki se, preden odteče v podtalnico, krajši čas zadržuje v zgornji plasti tal

higroskopna v. voda v tleh, ki je močno vezana na talne delce in je neuporabna za rastline ali odtok

kapilarna v. voda v tleh, ki je zaradi kapilarnosti dvignjena nad nivo talne vode

meteorna v., ki pade na tla s padavinami; sin. padavinska voda

oblačna v. količina vode v trdnem ali tekočem agregatnem stanju, ki lebdi v oblaku (delci s premerom pod 0,1 mm)

padajoča v. 1. voda, ki sestavlja

padavine 2. voda v oblaku, ki dokaj hitro pada (delci s premerom nad 0,1 mm)

padavinska v. gl. meteorna voda

skupna v. v oblaku količina vode v oblaku ne glede na agregatno stanje

temperatura v. gl. temperatura

v. tal prostorninski ali utežni delež vode v tleh

vôden -dna -o ki se nanaša na vodo

gostota vodne pare masa vodne pare na enoto volumna

vodna bilanca ravnotežje med dotoki in odtoki vode v definiranih hidroloških enotah, bazenih, jezerih, pri čemer je upoštevano tudi shranjevanje

v. kaplja kaplja, katere snovna sestavina je voda

v. kapljica kapljica, katere snovna sestavina je voda

v. para voda v plinastem stanju

v. površina površina morij, jezer, rek

v. vsebina snega vodni ekvivalent, ki se dobi s stalitvijo snega (enota l/m^2 = 1mm)

vodni deficit kumulativna razlika med potencialno evapotranspiracijo in padavinami v določenem obdobju, pri čemer so padavine manjše

v. oblak oblak, ki sestoji samo iz kapljic brez kristalčkov

v. potencial tal energija, s katero je na določenem mestu v tleh voda vezana na talne delce

v. termometer termometer, ki meri temperaturo vode s pomočjo posebne zajemalne posode

vôdnost -i ž 1. količina vode kot kapljevine v oblaku ali v megli 2. majhna količina vode v kaki snovi, npr. v tleh; sin. vlaga 2

maksimalna v. tal največji volumski odstotek vode, ki ga vzorec tal zadrži; sin. retencijska kapaciteta

skupna v., ki velja za vodo v vseh treh agregatnih stanjih skupaj

volúmen -mna m gl. prostornina

vôzel -zla m (simbol kt) na nekaterih področjih: enota za merjenje hitrosti, ki je morska milja na uro (1 kt=0,51 m/s in/ali 1,85 km/h)

vplív -a m stanje oziroma dogajanje, ki učinkuje na kaj

lokalni v., ki zajame manjše območje

povratni v. bolje: povratni učinek, gl. učinek

vpòj -ôja m bolje: absorpcija 2

vrédnost -i ž kvantitativna mera spremenljivke

absolutna v. 1. vrednost, negledе na predznak 2. vrednost, ki je določena glede na izhodiščno vrednost; ant. relativna vrednost

brezdimenzijska v., ki je podana v relativni skali

dekadna v., ki podaja vrednost prvih desetih dni, drugih desetih dni ali preostalih dni v mesecu

dnevna v., ki podaja vrednost za en dan

dolgoletna v., ki podaja vrednost za več let, npr. 20 let, 30 let

ekstremna v. največja ali najmanjša vrednost kakega niza ali funkcije

interpolirana v. naknadno določena vmesna vrednost za kako funkcijo ali niz

izmerjena v., ki je določena z merilno napravo

korigirana v., ki je popravljena na osnovi kakega pravila

letna v., ki podaja vrednost za enoletno obdobje

mesečna v., ki podaja vrednost za obdobje enega meseca

najpogostejša v., ki je v nizu vrednosti zastopana največkrat; sin. modus

normirana v., ki je deljena s kako značilno vrednostjo in je navadno med 0 in 1

ocenjena v., ki je približno določena po izbranih kriterijih

odčitana v., ki je odčitana z merilne naprave in je še brez korekcije

pentadna v., ki podaja vrednost za eno pentado oziroma za 5 dni

povprečna v. vsota vrednosti vseh elementov, dobljena s številom teh elementov; sin. povprečje

približna v. nenatančna, vendar uporabna vrednost

reducirana v., ki je dobljena z redukcijo

relativna v., ki je določena glede na kako drugo vrednost; ant. absolutna vrednost

sezonska v., ki velja za izbrane tri mesece, npr. zimska sezonska vrednost podaja vrednost za december, januar in februar

srednja v. 1. vrednost, ki je v sredini po velikosti urejenega niza podatkov; sin. mediana 2. bolje: povprečna vrednost; ant. absolutna vrednost 2

terminska v., ki velja za kak termin

trenutna v., ki velja za kak zelo kratek časovni interval

urna v., ki poda vrednost ob kaki uri ali za čas ene ure

začetna v., ki je na izhodišču kakega procesa

značilna v. bistvena ali najbolj opazna vrednost

vrême -éna s splet meteoroloških pojavov in vrednosti meteoroloških elementov v določenem času in prostoru ali zaznavno stanje ozračja

aprilsko v. poljud. pogosto menjavanje sončnega in deževnega vremena

brezpadavinsko v., ki je brez padavin ali z neizmerljivo količino padavin

klasifikacija v. gl. klasifikacija

lepo v. ko je pretežno jasno; ant. slabo vreme

napoved v. gl. napoved

nestalno v. gl. spremenljivo vreme

nestanovitno v., ki se v času nekaj dni opazno spreminja; ant. stanovitno vreme

preteklo v. 1. vreme, ki je bilo v določenem času 2. element meteorološkega ključa, ki upošteva najviše opredeljen meteorološki pojav, opazovan v zadnjih treh ali šestih urah

prognoza v. sin. napoved vremena, gl. napoved

sedanje v. 1. vreme v času opazovanja 2. element meteorološkega ključa, ki upošteva najvišje opredeljen meteorološki pojav, opažen v tistem terminu

slabo v., ki ga spremljajo pogoste padavine; ant. lepo vreme

sprememba v. prehod iz enega značilnega vremena v drugo vreme

spremenljivo v., ki se v teku dneva značilno spreminja; sin. nestalno vreme *stanovitno v.*, ki nespremenjeno traja dalj časa ali vsaj nekaj dni; ant. nestanovitno vreme

suho v. brez padavin in meglene moče

značilno v., opredeljeno po najbolj opaznem meteorološkem pojavu (deževno, nevihtno, vetrovno) ali po najbolj občutnem učinku na človeka (mrzlo, soparno)

vreménar -ja m poljud. človek, ki se ukvarja z vremenom

vremenoslóvec -vca m strokovnjak za vremenoslovje; sin. meteorolog

vremenoslóven -vna -o gl. meteorološki

vremenoslóvje -a s geofizikalna veda, ki obravnava procese in pojave v atmosferi in pojave, ki so soodvisni od njih; sin. meteorologija

vreménski -a -o ki se nanaša na vreme

vremenska hišica po določilih WMO izdelan zaklon, visok 2 m, v katerem so meteorološke merilne naprave

v. karta karta, ki kaže stanje vremena ob določenem času; sin. sinoptična karta

v. motnja neustr., gl. vremenski sistem

v. napoved gl. napoved

v. občutljivost lastnost organizma, da se na vremenski dražljaj odzove z znatno spremembo psihofizičnega stanja

v. odvisnost 1. lastnost organizma, da se na vremenski dražljaj odzove z bolezensko spremembo 2. razmerje med jakostjo vremenskega dražljaja in prilago-

ditveno sposobnostjo posameznika

v. odzivnost lastnost organizma, da reagira na vremenski dražljaj

v. slika bolje: sinoptično stanje, gl. stanje

v. služba pooblaščena organizacija, ki daje dejanske in napovedane vremenske podatke

vremenski koledar poljud. ljudska vremenska pravila, ki so vezana na datume oziroma svetnike

v. koledar poljščin seznam časovnih terminov povprečnega pojavljanja fenoloških faz številnih rastlin

v. podatek podatek, ki je del informacije o vremenu

v. pojav pojav, ki je v zvezi s stanjem vremena; prim. prilogo o klasifikaciji hidrometeorjev

v. pregovor ljudski rek, ki temelji na dolgoletnih amaterskih opazovanjih vremena

v. preobrat večja sprememba značilnega vremena

v. proces proces, ki se nanaša na vreme

v. radar gl. radar

v. satelit sin. meteorološki satelit, gl. satelit

v. sistem obsežen skupek močno povezanih procesov in pojavov v atmosferi, npr. dolina, ciklon, hladna fronta

v. tip opredelitev vremenskih stanj po značilnih vremenskih pojavih ali po poljih meteoroloških količin

vremensko opozorilo informacija o bližajočih se izrednih oziroma škodljivih vremenskih pojavih

v. poročilo predstavitev aktualnih vremenskih podatkov v dogovorjeni obliki

v. pravilo napotek za določanje oziroma napovedovanje vremenskih razmer na osnovi empiričnih ugotovitev

v. stanje stanje, ki ga predstavljajo značilni vremenski parametri

vŕh obláka -a -- m zgornja meja oblaka

vrívanje hládnega zráka -a -- -- s dotekanje hladne oziroma goste zračne mase v obliki klina pod toplejšo oziroma redkejšo, vlažnejšo zračno maso; prim. hladna fronta, gl. fronta

vročína -e ž 1. občutje človeka ali živali v razmerah, ki ovirajo odtok odvečne toplote iz telesa 2. poljud. stanje ob razmeroma visoki temperaturi zraka

vŕsta -e ž 1. klasifikacijska kategorija pojavov, višja od podvrste

v. oblakov druga stopnja klasifikacije oblakov po značilnostih; prim. prilogo o klasifikaciji oblakov 2. porazdelitev podatkov ali pojavov po določenih kriterijih

v. padavin razvrstitev padavin po obliki, npr. dež, sneg, toča; prim. prilogo o klasifikaciji meteorjev

v. pojavov razvrstitev pojavov po izvoru in čutni zaznavi, npr. prizemni, optični, zvočni pojavi

vrtênje zráka -a -- s gibanje zraka okoli namišljene osi

anticiklonalno v. z. vrtenje zraka, ki na severni polobli poteka v smeri urnega kazalca

ciklonalno v. z. vrtenje zraka, ki na severni polobli poteka v nasprotni smeri urnega kazalca

vrtínčnost -i ž 1. rotor hitrosti 2. vektorska količina, ki predstavlja vrtenje tekočine oziroma striženje v tej tekočini

absolutna v. vsota relativne vrtinčnosti in Coriolisovega parametra

geostrofska v., ki pripada geostrofskemu vetru

potencialna v. absolutna vrtinčnost, ki je odvisna od debeline omejene plasti

relativna v. vertikalna komponenta rotorja hitrosti v koordinatnem sistemu, ki je na vrteči se Zemlji

termalna v., ki pripada termalnemu vetru

vrtínec -nca m krožno gibanje zraka okoli namišljene osi

lijakasti v., ki ima obliko lijaka z navpično ali poševno osjo in je zanj značilno vsrkavanje iz tal, npr. tornado

peščeni v. gl. prašni vrtinec

prašni v., ki ima premer nekaj metrov, približno navpično os in je zanj značilno dviganje prahu; sin. peščeni vrtinec

turbulentni v. neurejen vrtinec, ki povzroča sunke vetra, tresenje letal

zavetrni v., ki je na zavetrni strani pregrad

vsébnost -i ž delež kake snovi glede na maso suhega zraka, npr. vode v megli oziroma oblačnem zraku

v. ledu vsebnost ledenih kristalčkov in ledenih zrn v zraku *v. oblačnega ledu* vsebnost ledenih kristalčkov z ekvivalentnim premerom pod 0,2 mm

v. oblačne vode vsebnost vodnih kapljic s premerom pod 0,2 mm

v. padavinskega ledu vsebnost ledenih zrn s premerom nad 0,5 mm

v. padavinske vode vsebnost vodnih kapelj s premerom nad 0,2 mm

v. skupne vode vsebnost vode v vseh treh agregatnih stanjih

v. tekoče vode in ledu vsebnost vse vode v trdnem ali tekočem agregatnem stanju

vstópanje -a s 1. prihajanje česa v kako območje
2. prihajanje zunanjega zraka v tok ali oblak ob straneh

vzgòn vzgôna m vertikalna komponenta sile negativnega gradienta pritiska

čisti v. del vzgonske sile, ki s težo ni izravnan

dinamični v. sila, ki je pravokotna na tok tekočine in deluje na telo v toku

termični v., ki nastane zaradi razlike v temperaturi med delom zraka in njegovo okolico

vzhódnik -a m veter, ki piha z vzhoda

ekvatorialni v. 1. splošni vetrovi v troposferi nad ekvatorialnim območjem 2. gl. pasat

polarni v., ki piha od polarne kape ob raztekanju zraka v nižjih plasteh

vzorčeválno mésto -ega -a s mesto, kjer se jemljejo vzorci snovi za kasnejše analize

vzórec pólja -rca -- m značilna oblika črt, npr. tokovnic, silnic, v kakem polju

Z

zahódnik -a m veter, ki piha z zahoda

planetarni z., ki piha v sestavi globalne cirkulacije zraka in zajema območje od pola do subtropskih širin

splošni z., veter, ki prevladuje pri tleh v zmernih širinah (med 30° in 60° geografske širine)

zákon -óna m 1. osnovno spoznanje, ki določa povezavo med dogajanji ali stanji v naravi (ozračju)

Beerov z. [birov], ki opisuje eksponentno pojemanje jakosti sevanja pri prehodu skozi absorpcijsko snov

Buys-Ballotov z. [baj-balotov], ki velja na severni poloblji, da ima opazovalec, če je obrnjen s hrbtom proti vetru, nizek zračni tlak na svoji levi strani

gradientni z., ki pove, da je pretok kake količine sorazmeren gradientu ustrezne količine

Kirchhoffov z. [kirhofov], ki pove, da je absorptivnost telesa pri kaki valovni dolžini sevanja enaka emisivnosti pri isti valovni dolžini

logaritemski z. vetra porast hitrosti vetra z višino v prizemni plasti nevtralne atmosfere po logaritemski razporeditvi

Newtonovi zakoni [njutnovi] mn. zakoni, ki povezujejo mirovanje ali gibanje teles s silami, ki nanje delujejo

Planckov z. [plankov], ki določa porazdelitev izsevane gostote energijskega toka po valovnih dolžinah

Stefanov z. [štefanov], ki pove, da je gostota iz črnega telesa izsevane energije v polprostor sorazmerna četrti potenci absolutne temperature sevalne površine

Wienov z. [vinov], ki pove, da je pri črnem telesu produkt valovne dolžine, pri kateri telo najmočneje seva, in absolutne temperature konstanten

zakoni termodinamike mn. zakoni, ki obravnavajo spremembe notranje energije snovi, in sicer:
prvi zakon termodinamike zakon, ki pove, da je sprememba notranje energije snovi enaka vsoti dovedenega dela in dovedene toplote
drugi zakon termodinamike entropijski zakon, ki določa spremembo entropije sistema pri dovajanju toplote
tretji zakon termodinamike Nernstov zakon, po katerem je nemogoče doseči absolutno ničlo ali še nižje temperature

z. o ohranitvi mase zakon, po katerem je masa obravnavanega sistema konstantna
2. predpis, ki ureja pravna pravila dejavnosti, npr. republiški zakon o varstvu zraka

zaledenítev -tve *ž* nabiranje in zamrzovanje vode iz zraka na mrzlih tleh ali objektih

zamegljênost -i [məg] *ž* motnost ozračja z vidnostjo od 1 do 10 km; sin. vlažna motnost

zamèt -éta m v kup ali v greben napihan sneg

zanesljívost napóvedi -i -- *ž* gl. napoved

zapís -a m prenos informacij na kak medij
analogni z. v zvezni obliki, navadno kot krivulja
digitalni z. v številčni obliki
klasični z. mehanično zapisan na registrirni trak
magnetni z. na magnetnem mediju, npr. disku, traku
ročni z., ki je napisan z roko

zárja -e *ž* razpršena barvna svetloba neba, ko je sonce blizu obzorja
jutranja z. na vzhodnem nebu pred sončnim vzhodom
prameni zarje pasovi rdečkaste svetlobe od horizonta navzgor
večerna z. na zahodnem nebu po sončnem zahodu

zaródek -dka m kar je osnova česa kasnejšega, navadno večjega
z. toče oblačni ali padajoči delci, ki se kasneje odebelijo v točo

zaslòn termométra -ôna -- m zaščita termometra pred vplivom sončnega sevanja

zastrúg -a m, raba v mn.: zastrugi, vsaka od različnih oblik grebenov na snegu, ki jo je spihal ali napihal veter

zavétrje -a s območje za kako pregrado, kjer je veter šibkejši

zbirálna posóda -e -e ž rezervoar ombrometra, v katerem se shranjuje zbrana padavinska voda

zbíranje -a s pojav, da relativno velika padavina v oblaku med padanjem pobira druge manjše in tako med potjo navzdol raste; prim. zlivanje

zêmlja in **Zêmlja** -e ž naš planet skupaj z atmosfero

zeník -a m navpično nad opazovalcem ležeča točka na nebu; sin. nadglavišče

zíma -e ž najhladnejši del leta, ki je med jesenjo in pomladjo

astronomska z., ki se na severni polobli začne ob zimskem solsticiju in se konča ob pomladanskem enakonočju

meteorološka z., ki traja v zmernih geografskih širinah severne poloble od 1. decembra do 1. marca naslednjega leta

zjasnítev -tve ž bistveno zmanjšanje oblačnosti na večjem delu neba

zlívanje -a s združevanje kapljic v oblaku med seboj ali s kristalčki ledu v večje kapljice; prim. zbiranje

zmórec -rca m gl. maestral 2

zmrzál -i ž okvara rastlinske odeje zaradi znižanja temperature zraka pod 0 °C

zmrzovánje -a s prehajanje kaplje-vine (predvsem vode) v trdno agregatno stanje

zmrzováti, zlasti v 3. os. ed. sedanjika: zmrzúje, prehajati iz tekočega v trdno agregatno stanje

značílnost -i ž bistvena lastnost ali najbolj opazen pojav

bioklimatska z. elementi klime v prostorski in časovni razporeditvi, ki pogojujejo delovanje oziroma življenje organizmov

klimatska z. elementi klime v prostorski in časovni razporeditvi

znák -a m dogovorjena črka, lik za označevanje meteoroloških pojavov ali količin; sin. simbol

zráčen -čna -o ki se nanaša na zrak

spodnje zračno zrcaljenje zračno zrcaljenje, ki nastane ob močno pregreti podlagi in daje videz, da je cesta v daljavi mokra

zgornje z. zrcaljenje zračno zrcaljenje, ki nastane nad mrzlim zrakom pri tleh in daje videz, da so predmeti v zraku

zračna gmota bolje: zračna masa

z. masa obsežna masa zraka v makrometeorološki skali, ki ima od podlage pridobljene lastnosti; prim. zrak

z. plast plast, ki je določena po kakih lastnostih zraka

z. primes raba v mn. neobičajne sestavine zraka; prim. aerosol, onesnaže(va)nje

zračni pritisk pritisk, ki je posledica teže ozračja; sin. zračni tlak

z. tlak tlak, ki je posledica teže ozračja; sin. zračni pritisk

z. tok gibanje zraka v določeni smeri

zračno zrcaljenje optični pojav v ozračju zaradi loma in popolnega odboja svetlobe; prim. fata morgana

zràk -áka m plinska zmes, ki sestavlja ozračje in vsebuje predvsem dušik, kisik in vodno paro

arktični z. sorazmerno mrzel zrak, ki izvira z večjih ledenih površin na arktičnih območjih

čisti z., ki vsebuje tako malo primesi, da jih živi organizmi komaj zaznajo

delec z. bolje: del, element zraka

del z. sin. element zraka

element z. namišljena manjša količina zraka; sin. del zraka, delec zraka

hladni z., ki je hladnejši od okolice, podlage ali običajnega stanja

kontinentalni z., ki je svoje lastnosti dobil od celine

megleni z., ki vsebuje toliko vodnih kapljic, da je vidnost zmanjšana pod 1 km

morski z., ki je svoje lastnosti dobil od morske površine

mrzli z., tako hladen zrak, da pogojuje v kakem kraju in določenem času izredno nizke temperature

nasičeni z., ki ima glede na temperaturo najvišjo možno količino vodne pare

nenasičeni z., ki ima vodne pare manj kot nasičeni zrak

oblačni z., ki vsebuje sestavine suhega zraka, vodno paro, vodne kapljice oziroma ledene kristalčke

okoliški z., ki obdaja kak predmet ali del zraka z drugačnimi lastnostmi

onesnaženi z., ki vsebuje tolikšne količine in takšne vrste primesi, da že škodujejo živim organizmom, materialom ipd.

polarni z. relativno hladen zrak, ki izvira s polarnih območij

suhi z. 1. zrak z nizko vlago, pri kateri je relativna vlaga npr. manjša od 60% 2. osnovne sestavine zraka brez vodne pare

tropski z. relativno topel zrak, ki izvira iz tropskih in subtropskih območij

vlažni z. 1. zrak, ki vsebuje vodno paro 2. zrak z visoko vlago, pri kateri je relativna vlaga npr. višja od 80%

zŕno tóče -a -- s bolj ali manj okrogla ledena padavina iz nevihtnega oblaka s premerom nad 5 mm

Ž

žárek -rka m ozek snop sevanja (pri zanemaritvi njegove valovne narave); prim. sevanje

odbiti ž., ki se mu je smer spremenila zaradi odboja

radarski ž. ozek snop sevanja radarske antene

zeleni ž. kratkotrajna zelena svetloba na robu sonca ali lune, ko sta tik ob obzorju

žívi pések -ega -ska m droben pesek, ki ga prenaša močen veter

žívi snég -ega -á m sneg, ki ga s tal dviga in nosi močen veter

nizki ž. s. živi sneg, ki je tik ob tleh

visoki ž. s. živi sneg, ki sega več metrov visoko

žléd -a m ledena obloga na drevesih in objektih, ki nastane s primrzovanjem podhlajenih vodnih kapelj; sin. požled; prim. poledica

žvêplov díoksíd -ega -a m (simbol SO_2) škodljiv brezbarvni plin ostrega vonja, ki je pomemben kazalec onesnaženosti zraka

PRILOGE

1. KLASIFIKACIJA OBLAKOV

Mednarodna klasifikacija oblakov Svetovne meteorološke organizacije po rodovih, vrstah, podvrstah, spremljajočih oblakih in dopolnilnih oblikah ter dodatnih opisih izvora in pretvorbe oblakov. Pri poimenovanju oblaka je treba navesti najprej rod, nato vrsto, nakar sledijo najpomembnejše značilnosti, ki so uvrščene kot podvrste, dopolnilne oblike ali dodatni opis izvora in pretvorbe oblaka, kar ponazarja dodani pregled možnih kombinacij.

a) *rodovi*

cirrus (krat. **Ci**) vlaknat, perjast ali koprenast prosojen visoki oblak iz ledenih kristalčkov

cirrocumulus (krat. **Cc**) prosojen visoki oblak iz ledenih kristalčkov v obliki drobnih kosmov ali kopic

cirrostratus (krat. **Cs**) prosojen visoki oblak iz ledenih kristalčkov v obliki bele koprene

altocumulus (krat. **Ac**) srednji oblak v obliki kosmov, diskov ali kopic

altostratus (krat. **As**) plastovit srednji oblak brez izrazitih oblik

nimbostratus (krat. **Ns**) srednji oblak v obliki brezoblične sivine, iz katerega sneži ali dežuje

stratocumulus (krat. **Sc**) plastovit nizki oblak grudaste ali kopaste strukture

stratus (krat. **St**) nizki oblak v obliki enakomerne sive oblačne plasti ali posamezne oblačne krpe

cumulus (krat. **Cu**) kopasti oblak vertikalnega razvoja

cumulonimbus (krat. **Cb**) oblak vertikalnega razvoja velikih razsežnosti, ki je navadno nevihten

b) *vrste*

fibratus (krat. **fib**) oblak v obliki vlaken; sin. vlaknati oblak

uncinus (krat. **unc**) oblak iz rodu cirrus, ki je ukrivljen v obliki smučke

spissatus (krat. **spi**) gost oblak iz rodu cirrus

castellanus (krat. **cas**) oblak v obliki stolpičev; sin. stolpičasti oblak

floccus (krat. **flo**) oblak v obliki kosmov

stratiformis (krat. **str**) oblak, ki ima pretežno plastovito razpotegnjeno obliko; sin. plastoviti oblak

nebulosus (krat. **neb**) megličast, brezobličen oblak

lenticularis (krat. **len**) oblak v obliki konveksne leče; sin. lečasti oblak

fractus (krat. **fra**) oblak, raztrgan v obliki krp

humilis (krat. **hum**) majhen, nizko razvit cumulus

mediocris (krat. **med**) srednje razvit cumulus

congestus (krat. **con**) nakopičen, nagrmaden cumulus

calvus (krat. **cal**) plešast cumulonimbus brez v cirrus spremenjenega vrha

capillatus (krat. **cap**) cumulonimbus z vlaknatim pokrivalom cirrusa

c) *podvrste*

intortus (krat. **in**) prepleten, zavit oblak iz rodu cirrus
vertebratus (krat. **ve**) hrbteničast, rebrast oblak iz rodu cirrus
undulatus (krat. **un**) valovit oblak
radiatus (krat. **ra**) oblak v obliki pramenov, pri katerem je zaradi
    perspektive videti, da prameni izhajajo iz ene točke
lacunosus (krat. **la**) luknjast oblak v obliki satovja
duplicatus (krat. **du**) oblak, ki je v dveh nivojih
translucidus (krat. **tr**) prosojen oblak
perlucidus (krat. **pe**) oblak, pri katerem je nebo vidno med posameznimi
    deli oblaka
opacus (krat. **op**) temen, neprozoren oblak

č) *dopolnilne oblike in spremljajoči oblaki*

- *dopolnilne oblike*
incus (krat. **inc**) v cirrus razširjen vrh cumulonimbusa v obliki nakovala;
    sin. nakovalo
mamma (krat. **mam**) baza oblaka v obliki dojk
virga (krat. **vir**) oblak s padavinskim pramenom, ki ne doseže tal
praecipitatio (krat. **pra**) oblak s padavinskim pramenom, ki doseže tla
arcus (krat. **arc**) lok pri bazi oblaka, ki izhaja iz vodoravnega zvitka obla-
    ka in je temnega videza
tuba (krat. **tub**) cevasti del oblaka, ki poteka od baze oblaka navzdol

- *spremljajoči oblaki*
pileus (krat. **pil**) bel oblak v obliki pokrivala ob vrhu kopastega oblaka
velum (krat. **vel**) obsežen cirrusni oblak, ki kot koprena prekriva vrh
    enega ali več kopastih oblakov
pannus (krat. **pan**) razcefrani cunji podoben oblak pod kakim oblakom; sin.
    cunjasti oblak

d) *dodatni opis izvora in pretvorbe oblakov, ki se doda imenu rodu in*
vrste

genitus (krat. **gen**) izvor oblaka z delno pretvorbo drugega oblaka ali dela
    oblaka, npr. za cirruse, ki so nastali iz vrhnjega dela cumulonimbusa, je
    oznaka cirrus cumulonimbogenitus (Ci Cbgen)
mutatus (krat. **mut**) oblak, pretvorjen iz oblaka drugega rodu, npr. za
    stratus, ki je nastal iz stratocumulusa, je oznaka stratus stratocu-
    mulomutatus (St Scmut)
prvotni oblak oblak, iz dela katerega je nastal (prim. mutatus) drug rod
    oblakov

2. PREGLED KOMBINACIJ OBLAKOV

vrsta	rod:	Ci	Cc	Cs	Ac	As	Ns	Sc	St	Cu	Cb
fibratus		*		*							
uncinus		*									
spissatus		*									
castellanus		*	*		*			*			
floccus		*	*		*						
stratiformis			*		*			*			
nebulosus				*					*		
lenticularis			*		*			*			
fractus									*	*	
humilis										*	
mediocris										*	
congestus										*	
calvus											*
capillatus											*
podvrsta											
intortus		*									
vertebratus		*									
undulatus			*	*	*	*		*	*		
radiatus		*			*	*		*		*	
lacunosus			*		*			*			
duplicatus		*		*	*	*		*			
translucidus					*	*		*	*		
perlucidus					*			*			
opacus					*	*		*	*		
dopolnilna oblika											
incus											*
mamma		*	*		*	*		*			*
virga			*		*	*	*	*		*	*
praecipitatio						*	*	*	*	*	*
arcus										*	*
tuba										*	*
spremljajoči oblaki											
pileus										*	*
velum										*	*
pannus						*	*			*	*
padavine iz rodov oblakov											
dež						m	n	m		m	n
pršenje									m		
sneženje						m	n	m	m	m	m
toča											m

n = navadno
m = možno

3. KLASIFIKACIJA METEORJEV, RAZEN OBLAKOV, Z ZNAKI

1.   hidrometeorji, razen oblakov
1.1   hidrometeorji, ki jih sestavljajo kapljice ali kristalčki,
            ki lebdijo v ozračju
1.1.1   megla oz. zamegljenost
            megla   ≡
            zamegljenost   =
1.1.2   ledena megla   ≡

1.2   hidrometeorji, ki jih sestavljajo padajoče kaplje ali trdne
            padavine
1.2.1   dež   •
1.2.2   podhlajeni dež   ∿
1.2.3   pršenje   ’
1.2.4   podhlajeno pršenje   ∿
1.2.5   sneg, sneženje   ✳
1.2.6   zrnati sneg   ⟁
1.2.7   babje pšeno   ⚹
1.2.8   ledene iglice   ⟶
1.2.9   toča   ▲
1.2.10   sodra   △
1.2.11   zmrznjeni dež   △

1.3   hidrometeorji, ki jih sestavljajo kaplje ali kristali, dvignjeni z
            vetrom
1.3.1   živi sneg
            nizki živi sneg   ⊹
            visoki živi sneg   ⊹
1.3.2   pršec   ℓ

1.4   hidrometeorji, ki so iz zraka izločeni (odloženi) na tla
1.4.1   meglena moča   þ
1.4.2   rosa oz. advektivna rosa

            (radiacijska) rosa   ⌓
            advektivna rosa   ḋ
1.4.3   zmrznjena rosa   ⌓
1.4.4   slana oz. advektivna slana
            (radiacijska) slana   ⌊⌋
            advektivna slana   ]

1.4.5   ivje $\bigvee$
           mehko ivje $\forall$
           trdo ivje $\vee\!\!\!/$
           ledeno ivje $\vee\!\!\!/$
1.4.6   poledica; požled, žled $\sim$

1.5   tornado, tromba $\big)\!\big($

2.   litometeorji
2.1   litometeorji, ki jih sestavljajo delci, ki lebdijo v ozračju
2.1.1   suha motnost ∞
2.1.2   prašna motnost S
2.1.3   dim $\sqcap\!\!\!\sim$
2.2   litometeorji, ki jih sestavljajo delci, dvignjeni z vetrom
2.2.1   živi pesek
           nizki živi pesek $\$$
           visoki živi pesek $\$$
2.2.2   prašni oz. peščeni vihar $-\!\!\!G$
2.2.3   prašni oz. peščeni vrtinec $\S$

3.   fotometeorji
3.1   halo
           halo okoli sonca $\oplus$
           halo okoli lune $\ominus$
           (mali halo, veliki halo, sončni steber, zgornji ali spodnji tangen-
           cialni loki, cirkumzenitalni lok, slika sonca, sosonce)
3.2   venec
           venec okoli sonca $\oslash$
           venec okoli lune $\cup$
3.3   irizacija $\oslash$
3.4   glorija φ
3.5   mavrica $\frown$
           (mavrica 1. reda, mavrice višjih redov, mavrični loki)
           bela mavrica $\frown\!\!\!-$
3.6   škofov prstan $\circledcirc$
3.7   zrcaljenje $\bowtie$
3.8   trepetanje
3.9   migotanje

3.10   zeleni žarek
3.11   zarja (škrlatna barva, lok sence Zemlje, žareči vrhovi gora, prameni zarje)

4.   elektrometeorji
4.1   strela, nevihta   R

          blisk   ⟨
          grmenje   T
4.2   Elijev ogenj   ⟨
4.3   polarni sij   ⌓

dodatni znaki:
          močni veter   ⤇
          ploha   ▽̇
          snežna odeja   ⊠
          sonce sije   ☉

kombinacije znakov meteorjev, npr.:
          dež s snegom   ⁎̇
          snežna ploha

posebni zapisi:
          hladna fronta
          topla fronta
          okluzija

4. VETROVI

a) *smeri vetrov*

sever
severoseverozahodnik   severoseverovzhodnik
severozahodnik   severovzhodnik
zahodoseverozahodnik   vzhodoseverovzhodnik
zahodnik   vzhodnik
zahodojugozahodnik   vzhodojugovzhodnik
jugozahodnik   jugovzhodnik
jugojugozahodnik   jugojugovzhodnik
jug

b) *jakosti vetrov*

ime vetra	Bf	m/s	km/h	učinek na kopnem - na morju
brezvetrje	0	0 - 0,2	pod 1	mirno, dim se dviga navpično; morje je mirno in gladko
sapica	1	0,3 - 1,5	1 - 5	dim se dviga malo postrani; valčki so drobni
vetrič	2	1,6 - 3,3	6 - 11	listje šelesti; valovi so majhni in gladki
šibki veter	3	3,4 - 5,4	12 - 19	giblje majhne vejice; posamezne grive na valovih
zmerni veter	4	5,5 - 7,9	20 - 28	giblje večje veje, dviga prah; precej griv na valovih
močni veter	5	8,0 - 10,7	29 - 38	upogiba tanjša drevesa; grive čez in čez
hudi veter	6	10,8 - 13,8	39 - 49	tuli okrog vogalov in v žicah; morje se občasno zakadi
viharni veter	7	13,9 - 17,1	50 - 61	maje odrasla drevesa, težko hodimo; morje se kadi
vihar	8	17,2 - 20,7	62 - 74	lomi manjše veje dreves; pršec v pramenih
močni vihar	9	20,8 - 24,4	75 - 88	odnaša opeko s streh; veliki valovi se prevračajo
hudi vihar	10	24,5 - 28,4	89 - 102	podira posamezna drevesa; morje rohni, vidnost majhna
orkanski vihar	11	28,5 - 32,6	103 - 117	podira hiše in ruje drevje; čez in čez pršec, rohnenje
orkan	12	nad 32,6	nad 117	povzroča splošno razdejanje; potaplja večje ladje

5. METEOROLOŠKI SIMBOLI

Vsaka črka lahko pomeni spremenljivko ali konstanto (grška pogosto tudi kot), navadno pa ima naslednje pomene, ki jih priporočamo:

A   amplituda, središče anticiklona, površina (bolje: S), začetna lega, prvo po vrsti, razpoložljiva potencialna energija

B   končna lega, drugo po vrsti, strukturna funkcija, svetilnost

Bf   beaufort

C   konstanta, cirkulacija, središče ciklona, centrifugalna sila, koncentracija, ogljik, C_L nizki oblaki, C_M srednji oblaki, C_H visoki oblaki, C_D koeficient zaviranja

D   deviacijska sila, totalni diferencial, premer, izpad

E   nasičeni parni tlak, energija, emisija, vzhod, izhlapevanje

F   sila trenja, čisti vzgon, fluks, Froudovo število, sila, stopinj Fahrenheita, frontogenetična funkcija

G   gradientna sila, geostrofska hitrost, giga (milijarda), kondukcija

H   višina troposfere ali kaka druga značilna višina, vodik, zaznavna toplota oz. entalpija, indeks za toploto, hladni zrak

I   notranja energija, jakost izhlapevanja, insolacija

J   jakost oz. moč, džul ali joule, Jakobijev operator

K   difuzivnost, kinetična energija, kelvin, ukrivljenost

L   latentna toplota, značilna dolžina, stabilnostna dolžina

M   molekulska masa, skupna masa, mega (milijon), indeks za: maksimum, gibalno količino

N   naravno število, oblačnost, središče nizkega pritiska, njuten ali newton, sever, Brunt-Väisälova frekvenca

O   izhodiščna točka, ničla, kisik, ostanek

P   značilen pritisk oz. tlak, pogostnost, potencialna energija, padavine, verjetnost, polarni zrak

Q   toplota, vir, pretok

R   radij, sevanje, korelacijska funkcija, plinska konstanta (R_s za suh zrak, R_v za vodno paro) ,

Re   Reynoldsovo število

Ri   Richardsonovo število

Ro   Rossbyjevo število

RR količina padavin
S   stabilnost, entropija, jug, površina
T   temperatura (T_d rosišča, T_w mokrega termometra, T_v virtualna, T_e
    ekvivalentna, T_* torna, T_o začetna ali pri tleh ali 0°C, T' okolice ali
    mokrega termometra), topli zrak
U   relativna vlaga, povprečna hitrost vetra
V   volumen ali prostornina, vektor hitrosti, središče visokega pritiska,
    vidnost, volt
W   zahod, delo, vat ali watt; značilno vreme
X   transformirana koordinata, neznanka
Y   transformirana koordinata
Z   značilna višina, zenitni kot, radarska odbojnost

a   albedo, radij Zemlje, oblika tendence pritiska, raztezna deformacija,
    indeks za: absolutno ali za vodo-kapljevino
b   divergenca
c   hitrost premeščanja, fazna hitrost, hitrost svetlobe, specifična toplota
    (c_p pri konstantnem tlaku, c_v pri konstantnem volumnu), koncentra-
    cija, rotacija, kontinentalno, c_g grupna hitrost
d   totalni (substancialni) diferencial, razdalja, dan, strižna defor-
    macija
dd smer vetra
e   parni tlak (e_w nasičen parni tlak), osnova naravnega logaritma,
    indeks za: vrtinčno, efektivno, ekvivalentno
f   Coriolisov parameter, frekvenca, funkcija, relativna vlaga
ff hitrost vetra
g   težnostni pospešek, sunkovitost, indeks za geostrofsko
h   značilna višina, ura, indeks za horizontalno
hPa hektopaskal ali hektopascal
i   koren iz -1, indeks v smeri x, $\vec{i}$ enotni vektor v smeri x
j   jakost oz. moč, gostota toka, indeks v smeri y, $\vec{j}$ enotni vektor v
    smeri y
k   Karmanova konstanta, valovno število, razmerje R_s/c_p = 0,286,
    indeks v smeri z, k_s koeficient zunanjega trenja, $\vec{k}$ enotni vektor v
    smeri z
l   razdalja, leto, liter, enica
m   masa, meter, mili (tisočinka), vertikalno valovno število, indeks za:
    minimum, morski

mb   milibar

n   naravno število, zgornja meja števil, normalno na kaj, $\vec{n}$ enotni vektor normalno na kaj

o   ničla, indeks za: začetno ali tipično vrednost, vrednost pri tleh; zgornji indeks za stopinje (temperaturne ali kotne)

p   zračni pritisk oz. tlak, koordinata v p-sistemu

q   specifična vlaga, specifična vsebnost

r   radij, razmerje mešanosti, korelacijski koeficient, refleksivnost

s   pot, sekunda, varianca, indeks za suh zrak

t   čas, transmisivnost, indeks za: termalni, najvišji

$\vec{t}$ enotni vektor v smeri toka

u   hitrost (navadno v smeri x), u_* torna hitrost

v   hitrost (navadno v smeri y), veter, indeks za vodno paro

w   vertikalna hitrost, indeks za nasičen

x   abscisa - koordinata (navadno proti E), neznanka, indeks za vrednosti ali odvod v smeri x

y   ordinata (navadno proti N), indeks za vrednosti ali odvod v smeri y

z   vertikalna koordinata, indeks za vrednosti ali odvod v vertikalni smeri, z_o parameter hrapavosti

Γ gama funkcija, adiabatni gradient (bolje: γ)

Δ končna diferenca, Laplaceov operator

θ potencialna temperatura (θ_w mokrega termometra, θ_p pseudo-potencialna, θ_e ekvivalentpotencialna)

Π normirani pritisk, produkt

Σ vsota

Φ geopotencial, Montgomeryjev potencial

Ω vektor kotne hitrosti vrtenja zemlje

∇ operator nabla, gradient

∇^2 Laplaceov operator

α specifični volumen, stabilnostni parameter, azimut, zgornji podrazred meteoroloških skal, absorptivnost

β Rossbyjev parameter, nagib, razmerje γ_w / γ_a, Bowenovo razmerje, srednji podrazred meteoroloških skal

γ negativni vertikalni temperaturni gradient (γ_h homogene atmosfere, nenevtralne atmosfere), adiabatna temperaturna sprememba z višino (γ_a za nenasičen, γ_w za nasičen zrak), spodnji podrazred meteoroloških skal

∂   parcialni odvod

δ   končna diferenca, deklinacija sonca, fazni premik

ε   emisivnost, turbulentno sipanje, razmerje $R_a/R_v = 0{,}622$

ζ   relativna vrtinčnost, brezdimenzijska višina, ζ_a absolutna vrtinčnost, ζ_t termalna vrtinčnost, ζ_g geostrofska vrtinčnost

η   kinematična viskoznost, koordinata, absolutna vrtinčnost

ϑ   zenitni ali kak drugi kot

ϰ   razmerje c_p/c_v (= 1,40 za zrak)

λ   valovna dolžina, toplotna prevodnost, geografska dolžina, faktor povečanja pri računski stabilnosti

μ   vrtinčna viskoznost, mikro (milijoninka)

ν   frekvenca, molekularna viskoznost, psihrometrična konstanta

ξ   transformirana abscisa

π   Ludolfovo število

ϱ   gostota zraka, gostota (ϱ_v vodne pare, ϱ_a vode), radij

σ   standardna deviacija, Stefanova konstanta, stabilnostni parameter, normirana p-koordinata

τ   perioda, strižna napetost oz. tok gibalne količine, transmisivnost

φ   geografska širina

χ   hitrostni potencial

ψ   tokovna funkcija

ω   kotna hitrost vrtenja Zemlje, vertikalna hitrost v p-sistemu

6. KRATICE

ALPEX	Alpine Experiment (WMO); mednarodni eksperiment o vplivu Alp na vremenska dogajanja (1982)
ANAS	Avtomatski nadzorno-alarmni sistem za varstvo zraka v Sloveniji
APT	Automatic Picture Transmission; sistem za avtomatski prenos slik
AVHRR	Advanced Very High Resolution Radiometer; izboljšan radiometer z visoko ločljivostjo
BAPMON	Background Air Pollution Monitoring Network; mednarodna mreža postaj za meritve ozadja onesnaženosti zraka
CAT	Clear Air Turbulence; turbulenca brez oblakov, ki trese letala
CCL	Convection Condensation Level; konvekcijski kondenzacijski nivo
DMS	Društvo meteorologov Slovenije
ECMWF	European Centre for Medium Range Weather Forecasting; Evropski center za srednjeročno napoved vremena (sedež v Readingu, Anglija)
EPA	Environmental Protection Agency; Ameriška agencija za varstvo okolja
ESA	European Space Agency; Evropska agencija za vesoljske raziskave
EUMETSAT	EUropean organisation for the exploitation of METeorological SATelites, Evropska agencija za uporabo podatkov z meteoroloških satelitov.
FNT	Fakulteta za naravoslovje in tehnologijo v Ljubljani
GARP	Global Atmospheric Research Program (WMO); program WMO za globalne atmosferske raziskave
GGO	Glavnaja geofizičeskaja observatorija; osrednji sovjetski raziskovalni inštitut
GMT	Greenwich Mean Time; srednji greenwiški čas (osnovni čas sinhrone mednarodne meteorološke izmenjave podatkov in poročil)

GOES	Geostationary Operational Environmental Satellite; ameriški geostacionarni satelit (ki lebdi nad ekvatorjem pri geografski dolžini 70° W)
GOS	Global Observing System; svetovni opazovalni sistem
HMZ	Hidrometeorološki zavod (posamezne republike)
IAMAP	International Association of Meterology and Atmospheric Physics (IUGG); Mednarodno združenje za meteorologijo in fiziko atmosfere (pri IUGG)
ICAO	International Civil Aviation Organisation; Mednarodno združenje za civilno letalstvo
IGY	International Geophysical Year; mednarodno geofizikalno leto
IR	Infrared Radiation; infrardeče sevanje (ki je v spektralnem pasu med ca. 3 in 13 μm)
IRW	Infrared Radiation of Watter; infrardeče sevanje vodne pare (ki je v pasu med ca. 5 in 7,5 μm)
ISB	International Society of Biometeorology; Mednarodno društvo za biometeorologijo
ISO	International Organisation for Standardisation; Mednarodna organizacija za standardizacijo
ITCZ	Intertropical Convergence Zone; intertropska cona stekanja zraka z obeh hemisfer
IUGG	International Union of Geodesy and Geophysics; Mednarodno združenje za geodezijo in geofiziko
KHI	Kelvin-Helmholtz Instability; Kelvin-Helmholtzova nestabilnost (ki ustvarja posebne vrste oblakov)
LFC	Level of Free Convection; nivo proste konvekcije
MEK	Mejne emisijske koncentracije primesi
METEOSAT	Meteorological Satellite; evropski geostacionarni satelit, ki lebdi nad ekvatorjem pri geografski dolžini 0°
MLK	Mejne lokalne koncentracije primesi
MOS	Model Output Statistics; metoda statistične povezave vremena z rezultati modelov atmosfere
NCAR	National Center for Atmospheric Research; Ameriški center za atmosferske raziskave
NIR	Near Infrared Radiation; bližnje infrardeče sevanje (ki zajema spektralno območje med 0,7 in 1,1 μm)

OPT	Obramba pred točo (center, sistem itd.)
PBL	Planetary Boundary Layer; planetarna mejna plast atmosfere (od tal do ca. 1000 m visoko)
PPM	Perfect Prognosis Method; metoda statistične povezave vremena (s popolno napovedjo po modelih oz. z dejanskim sinoptičnim stanjem)
RMC	Regional Meteorological Centre; regionalni meteorološki center (za nas je v Offenbachu)
RAWIN	Rabin Radar Wind asurement; metoda oz. naprava za določanje višinskih vetrov
SAZU	Slovenska akademija znanosti in umetnosti
SMO	Svetovna meteorološka organizacija, gl. WMO
TIROS	Television and Infra-Red Observation Satellite; prvi meteorološki umetni sateliti za meritve v vidnem in infrardečem delu spektra
UTC	Universal Time Coordinated; usklajeni svetovni čas, skoraj enak GMT (razlika pod 1s)
UV	ultravijolično sevanje (ki je v spektralnem pasu pod 0,4 μm)
UNEP	United Nations Environment Programme; program Združenih narodov za varstvo okolja
VIS	Visibile Radiation; vidno sevanje (ki je pri satelitih šteto med 0,4 in 1,1 μm)
WCP	World Climate Program (WMO); svetovni klimatski program
WMC	World Meteorological Centre; svetovni meteorološki center (v okviru WMO)
WMO	World Meteorological Organisation; Svetovna meteorološka organizacija (sedež v Ženevi)
WWW	World Weather Watch (WMO); svetovno meteorološko bedenje po programu WMO
ZHMZ	Zvezni hidrometeorološki zavod SFRJ

VIRI

Atlas International des Nuages, V-1, WMO, Geneve 1965, 165 str.

Glossary of Meteorology (ed. R. E. Huschke), American Meteorological Society, Boston 1959, 638 str.

Glossary of Terms Used in Agrometeorology (enlarged ed.), WMO, CAgM Rep. No. 20, Geneve 1984, 244 str.

International Cloud Atlas, Vol. 1 (revised ed. 1975), WMO, Geneve 1975, 155 str.

International Meteorological Vocabulary, WMO - No. 182, TP. 91, Geneve 1966, 276

Leksikoni Cankarjeve založbe, Ljubljana:
Fizika, 1979, 255 str.
Geografija (3. izd.), 1985, 272 str.
Matematika (2. natis), 1984, 227 str.
Okolje (2. izd.) 1982, 279 str.

Međunarodni atlas oblaka, sveska I - Priročnik za osmatranje oblaka i drugih meteora, Savezni hidrometeorološki zavod, Beograd 1988, 237 str.

Meteorologija (Hočevar-Petkovšek, tretja, popr. izdaja), Partizanska knjiga, Ljubljana 1988, 219 str.

Meteorological Glossary (Fifth ed.), Her Majesty's Stationary Office, London 1972, 319 str.

Meyers kleines Lexikon, Meteorologie, Meyers Lexikonverlag, Mannheim 1987, 496 str.

Razprave - Papers (periodika), Društvo meteorologov Slovenije, Ljubljana 1957-1988

Slovar slovenskega knjižnega jezika, Slovenska akademija znanosti in umetnosti, Državna založba Slovenije, Ljubljana:
Prva knjiga (A-H), 1970, LXII + 844 str.
Druga knjiga (I-Na), 1975, 1030 str.
Tretja knjiga (Ne-Pren), 1979, 1076 str.
Četrta knjiga (Preo-Š), 1985, 1125 str.

Trojezični meteorološki slovar, Društvo meteorologov Slovenije, Ljubljana 1965, 62 str.

WMO-Bulletin (periodika), World Meteorological Organisation, Geneve 1970-1989

Druga strokovna meteorološka literatura iz knjižnic: Katedre za meteorologijo, VTOZD Fizika, FNT in Hidrometeorološkega zavoda SR Slovenije.

KAZALO

METEOROLOŠKI TERMINOLOŠKI SLOVAR

Glavna urednika
Zdravko Petkovšek in Zvonka Leder

Uredniki
Miran Borko, Andrej Hočevar, Jože Rakovec,
Jelko Urbančič, Majda Vida

Izdala
Slovenska akademija znanosti in umetnosti v Ljubljani
in
Društvo meteorologov Slovenije

Obdelava in natis s programom STEVE Primoža Jakopina
Marija Djurović, Alenka Koren, Peter Weiss

Razmnoževanje Pleško, Ljubljana
Naklada 2000 izvodov

Ljubljana 1990